The Life Of Saint David And Other Tracts In Medieval Welsh

John Morris Jones

THE
LIFE OF SAINT DAVID

AND OTHER TRACTS

IN MEDIEVAL WELSH

FROM THE
BOOK OF THE ANCHORITE OF LLANÐEWIVREVI
A.D. 1346

OXFORD
AT THE CLARENDON PRESS
1912

HENRY FROWDE

PUBLISHER TO THE UNIVERSITY OF OXFORD

LONDON, EDINBURGH, NEW YORK, TORONTO

MELBOURNE AND BOMBAY

PREFACE

THE manuscript called Llyfr Ancr Llanddewi-frefi, dated 1346 and numbered CXIX in the Jesus College collection, renumbered 2 in the *Report* of the Historical Manuscripts Commission, was reproduced by the Clarendon Press from my transcript, and published with an Appendix and Notes in the *Anecdota Oxoniensia* in 1894 under the title *The Elucidarium and other Tracts in Welsh from Llyvyr Agkyr Llandewivrevi A.D. 1346 (Jesus College MS. 119). Edited by J. Morris Jones ... and John Rhys ...* The shorter tracts are here reprinted, by the kindness of the Delegates, for the use of students in the University of Wales. I trust, however, that the reprint will appeal to lovers of Welsh literature outside the college classrooms, as it contains in a cheap and convenient form some of the most interesting pieces of Medieval Welsh prose.

The present edition covers pages 105–171 of the text in the original reproduction, forming about two-fifths of the whole. For purposes of reference the numbers of the pages of the original edition are given in square brackets in the text. The pages of the original MS. are denoted here, as in the first edition, thus : the end of a page of the MS. is denoted by ‖ ; and the number of the page of the MS. on which the *first word* of a page of the reproduction occurs is printed at the top of that page. As only the leaves of the MS. are numbered, A and B are used to distinguish the pages.

No attempt has been made in the reprint to represent graphically the spacing and other peculiarities of the MS., as was done in the former reproduction; the simpler method followed here will perhaps be as useful for most purposes. In the present edition—

(1) Letters touched in red by the Rubricator are not distinguished from ordinary letters, as the distinction is of little value.

(2) Letters and words which are faint but legible, and letters which have been retraced, are not distinguished from other letters and words. Letters which the Scribe has tried to erase but failed are enclosed in round brackets ( ).

(3) Gothic capitals drawn in red by the Rubricator are represented by large roman capitals.

(4) Words and corrections written by the Rubricator in ordinary characters are printed in italics.

(5) Words and letters written above the line by the Scribe or Rubricator are introduced into the text.

(6) Letters underdotted or crossed out by the Scribe or Rubricator are omitted. By (5) and (6) the reproduction follows the ordinary method of printing an author's copy; it omits his corrected

errors, however interesting, and presents only what he wished to appear. The Rubricator's corrections can, however, be distinguished from the Scribe's, as the former are printed in italics.

(7) Abbreviations are extended in superior letters as *pad^{r}c* for *padí*, p. 7. An exception is made of ⁻ put above a vowel or nasal to denote *n* or *m*, as *hȳny* or *hyñy* for *hynny*. But abbreviations which merely indicate that the word is abbreviated, and have no specific value of their own, are represented by an apostrophe '.

(8) Words and sentences underlined in red are printed with a dotted underline.

(9) The end of a line is marked by |, but only, as in the former reproduction, where some irregularity occurs, such as the omission, or unnecessary repetition of a letter or word. The digraph *dd* is often used in the MS. for Modern Welsh *dd*; where the doubling may be caused by the break at the end of a line it is in every case printed *d|d* in the reproduction.

In other respects the former reproduction is faithfully followed. No scribal errors are corrected, and no alteration whatever is made in the spelling of the MS. But footnotes are given, describing the state of the MS., where it throws light on errors or difficulties of the text.

J. MORRIS JONES.

July 10, 1912.

CONTENTS

[1] The headings in capitals do not appear in the MS. The wording is taken from the table of contents in the MS., p. 3 B, in some cases abbreviated, or is abstracted from the text.

HYSTORIA O UUCHED DEWI

Yma ytreithir o ach de6i ac o dalym oe uuched. ⌣

Dauyd vab fant. vab keredic. uab kuneda.
vab edern. vab padarnn peifrud. vab deil
vab go2deil. vab d6uyn. vab go2d6uyn. vab
amguoel. vab am6eryt. vab onut. vab perim.
vab dubim. vab ongen. vab auallach. vab eugen.
vab eudoleu. vab ch6aer veir wy2y vam Ieffu
g^{ri}ft. ⌣ ⌣ ⌣

Keredic v2enhin awledycha6d la6er ovl6ynyded.
ac oe en6 ef ykauas keredigya6n yhen6.
amab auu ida6. ac en6 ymab oed fant. ac
yh6nn6 y2 ymdangoffes angel ynyhvn ady6edut
6itha6. auo2y heb ef ti aey yhely. athi ageffy
tri dyuot ger lan auon teiui. nyt amgen. kar6.
agleiffat. aheit wenyn ymy6n p2enn vch benn
y2 auon yny lle ael6ir y2 a62 honn henllan. dy2o
dylyet ytir ygad6 yvab ny anet et6o. ef bieiuyd
deu le hyt dydb2a6t yrei ady6etp6yt vchot. lin-
henllan. alitoninancan. Odyna ydoeth pad^{ri}c
hyt yglyn rofin. ac ymedylya6d d6yn yno yuuched.
ac angel adoeth at pad2ic ac ady6at v2tha6. ada6
ti heb ef ylle h6nn yvab ny anet et6o   Sef ao2uc
pad2ic llidia6 ady6edut paham ytremyga6d y2
argl6yd y6as auu y2 ynvab yng6affanaethu ida6.
d2i6y ouyn acharyat. ethol ohona6 ynteu y2 a62
honn mab nyanet ac ny ‖ enir hyt ympenn dec

mlyned arhugeint. ac ymparatoi ao2uc pad2ic
ynda6. ac yda6 ylle h6nn6 y2 argl6yd gʳⁱ[st].   Ar
argl6yd eiffoes agarei pad2ic ynva62. ac aanuones
angel atta6 yduhuda6. ar angel ady6at v2tha6.
pad2ic byd la6en. y2 argl6yd am hanuones i attat
ti ydangos yt ynys I6erdon o2 eiftedua yfyd ynglyn
rofin. ac ael6ir y2 a62 honn eiftedua pad2ic. kannys
ti auydy eboftol yny2 ynys a6ely di. ath2adiodeuy
la6er yno ogaryat du6. adu6 avyd ygyt athi
beth[106]bynnac a6nelych. ac yna yllonyd6yt
med6l pad2ic. ac ygede6is pad2ic yde6i ylle h6nn6.
apharatoi llong ynypo2thloed ida6. achyuodi
ovar6 g62 agladyffit yno a2 ymo2ua y2 yspymthec
mlyned. kruchier oed yen6. amynet ao2uc pad2ic
yl6erdon.   ar g62 h6nn6 ygyt ac ef.   ah6nn6
g6edy hynny auu efcob. ac ym penn ydegmlyned
arhugein wedy hynny val yroed yb2enhin ael6it
sant. yn kerdet ehun nacha lleian y2 kyfuaruot ac
ef. Sef aoruc ynteu ymauael ahi ad6yn treis arnei.
ar lleian agauas beichogi. en6 ylleian oed nonn.
amab aanet idi. adauid arodet yn en6 arna6.
ag62 nybu idi hi nachynt nag6edy. di6eir oed hi
oved|d6l ag6eith2et. kynntaf g6y2th a6naeth de6i
o2 pann gauas hi veichogi. nymynna6d hi v6yt ||
namyn bara ad6fuy2 ynyhoes. ac nyle6as de6i
v6yt namyn bara ad6fuy2. Eilg6y2th a6nnaeth de6i.
ae vam yn mynet y2 egl6ys ywarannda6 p2egeth
ygan gildas fant. Gildas adech2eua6d p2egethu ac
nys gallei. ac yna ydy6at gildas. e6ch oll o2
egl6ys alla|ann heb ef. ac elch6yl p2oui p2egethu

aoɹuc. ac nys gallei. ac yna ygouynnaƀd gildas
aoed neb ynyɪ eglƀys onnyt euo ehun. Ydƀyfi
yma hep ylleian yrƀg ydoɪ ar paret. dos ti heb
yſant ydieithyɪ yɪ eglƀys. ac arch yɪ plƀyf dyuot
ymyƀn. aphob vn adoeth yle yeiſted val ybuaſſei.
ac yna pɪegethu aoɹuc yſant. yn eglur ac yn vchel.
Yna ygouynnaƀd yplƀyf idaƀ paham na elleiſti
pɪegethu yni gȳnhev. aninhev yn llaƀen yn da-
munaƀ dyƀarandaƀ di. Gelƀch hep yſant y lleian
ymyƀn ayɪreis i gynnev oɪ eglƀys. hep ynonn.
llyma vivi. hep ygildas yna. ymab yſy ygkroth
ylleian honn yſyd voe yvedyant aerat ae vɪdas no
mivi. kannys idaƀ ef ehun yrodes duƀ bɪeint
aphennaduryaeth holl ſeint kymry yndɪagyƀydaƀl
kynn dydbɪaƀt aguedy. ac am hȳny nyt oes hep
ef ffoɪd ymi ydɪigyaƀ yma hƀy oachos mab ylleian
raco yrodes duƀ idaƀ pennaduryaeth ar baƀp oɪ
ynys honn. areit yƀ ymi heb ef vynet ynys arall
agadaƀ yɪ mab hƀnn yɪynys honn. Gƀyɪth arall
aƀnaeth deƀi ynyɪ aƀɪ [107] yganet || ef. ef adoeth
taraneu amellt. acharrec aoed gyfuerbynn aphenn
nonn aholltes yny uu yn deu hanner. ac aneidyaƀd
yneill hanner idi dɪos benn ylleian hyt is ythɪaet
pann yttoed hi ynn efcoɪ. Gƀyɪth arall aoɹuc deƀi
pann vedydyƀyt. ef aymdangoſſes ffynnyaƀn oɪ
dayar lle nybuaſſei ffynnyaon eiroet. adall aoed
yn daly deƀi vɪth vedyd agauas yna yolƀc. ac yna
ydall aƀybu vot ymab yɪ oed yny daly vɪth vedyd
yn gyfulaƀn orat. achymryt ydƀſuyɪ bedyd agolchi
yƀyneb ardƀſuyɪ. ac oɪ aƀɪ yganet dall ƀynebclaƀɪ

oed. ac yna yolȱc agauas achȱbl oꝛ aberthynei
arnnei. Sef aȱnaeth paȱb ynamoli duȱ val
ydylyynt. Yny lle ydyſgȱyt deȱi yndaȱ aelȱit.
vetus rubus. yngkymraec yȱ. yꝛhenllȱynn. yno
ydyſgȱyt idaȱ ef ſeilym yꝛ holl vlȱydyn ae llithion
ar offerennev. Yno ygȱelas ygytdiſgyblon ef colo-
men agyluin eur idi yndyſgu deȱi. ac yn gȱare
yny gylch. Odyna yꝛaeth deȱi hyt at athꝛo aelȱit
paulinus adiſgybyl oed hȱnnȱ yeſcob ſant aoed
ynrufein ahȱnnȱ adyſcaȱd deȱi hyny vu athꝛo. ac
yna ydamȱeinaȱd colli o athꝛo deȱi ylygeit odꝛa
goꝛmod dolur yny lygeit. agalȱ aoꝛuc yꝛ athꝛo
attaȱ yholl diſgyblon olynol ygeiſſaȱ ygantunt gan-
hoꝛthȱy amylygeit. ac nyt yttoed yꝛ vn yny allel
idaȱ. ac yn diȱethaf oll galȱ deȱi aoꝛuc. ‖ Dauyd
heb yꝛ athꝛo edꝛych vyllygeit ymaent ym poeni.
arglȱyd athꝛo hep ydauyd. nac arch ymi edꝛych
dy lygeit. yꝛ ys deg mlyned ydeuthum i atat ti
ydyſcu. nyt ꞏedꝛycheis i ettȱo yth ȱyneb di. Sef
aoꝛuc yꝛathꝛo yna medylyaȱ aryuedu keȱilyd ymab
adyȱedut. kannys velle ymae heb ef vꝛth ymab
dyꝛo di delaȱ arvyȱyneb i abendicka vyllygeit ami
avydaf holl yach. aphann rodes dauyd ylaȱ
arylygeit ef. ybuant holl yach. ac yna ybendigaȱd
paulinus dauyd. obop bendith ageffit ynny|yſgriuen-
nedic ynydedyf hen. ac yny neȱyd. Yna ydoeth
angel ȧt paulinus adyȱedut vꝛthaȱ val hynn.
ȧmſer heb yꝛ angel yȱ dauyd ſant vynet odyma
yȱneuthur ypetheu yſyd dyghetuen ygan duȱ idaȱ
yȱnneuthur. [108] Odyna ydeuth deȱi hyt yn

glaftynburi. ac yno yꝛadeilaϭd ef eglϭys. Deϭi
adeuth yꝛlle yꝛoed dϭfyꝛ llaϭn owenϭyn. ac ae
bendigaϭd. ac aϭnaeth ydϭfuyꝛ hϭnnϭ yn dϭymynn
hyt dydbraϭt. ahϭnnϭ aelϭir yꝛ enneint tϭymȳn.
Odyna ydeuth deϭi hyt ygkroϭlan ahyt yn repecϭn.
odyna ydeuth ygollan aglasgϭin. Odyna yꝛ adeilaϭd
lann llieni yglān hafuren. Odyna yrodes ϭaret
ypebiaϭc vꝛenhin ergyng aoed yn dall. Odyna
yꝛadeilaϭd eglϭys yg gϭent ynylle aelϭir raclan.
Odyna yꝛ adeilaϭd eglϭys ynylle aelϭir ǁ raclann.
odyna yꝛ adeilaϭd eglϭys ynylle aelϭir llanngyfuelach
yggϭyꝛ. Deu sant aoed ygkedϭeli aelϭit boducat
anailtrum aymrodaffant yndifgyblon idaϭ. odyna
yꝛ ymhoelaϭd[1] deϭi hyt ylle aelϭit uetus rubus. ac
yno yꝛ oed efcob aelϭit Goeflan ahϭnnϭ aoed vꝛaϭt
ffyd ydeϭi. adeϭi adyϭot vꝛthaϭ. angel yꝛ arglϭyd
adyϭot ymi. ymae ovꝛeid yda vn ogant oꝛ lle hϭnn
yteyꝛnas nef. adangoffes ymi le arall. ac oꝛ lle
hϭnnϭ nyt a neb yvffern oꝛ avo ffyd da. achꝛet
gantaϭ. ac agladher ymynnϭent ylle hϭnnϭ. heuyt
nyt a yvffernn. Adydgϭeith ydeuth dauid ae
difgyblon. nyt amgen. aedan. ac eluid. ac
yfmael allaϭer ygyt ac ϭynt hyt ylle avanagaffei
duϭ vdunt. nyt amgen hyt yglyn rofin. hodnant
ygelϭir ylle hϭnnϭ. kyntaf lle dan yꝛ aϭyꝛ ykyn-
neuaffant ϭy tan uu yno. aphann gyneuaffant tan
yno yboꝛe glas ykyuodes mϭc ac ykylchynaϭd ymϭc
hϭnnϭ yꝛynys honn oll. allaϭer olϭerdon. ahynny
oꝛboꝛe glas hyt bꝛyt gofper. ac yna yd argannuv

---

[1] Originally written *ymhoelaϭt* ; corrected by the rubricator.

ty6yſſa6c ael6it boya. ac yſcot oed ym6c h6nn6.
ac olit eiſted ao2uc ymy6n creic vchel o2bo2e hyt
p2yt goſper heb u6yt heb dia6t.   ae 62eic avedia6d
arna6 yno ac aovynna6d ida6 paham na mynhei
nab6yt nadia6t.   Dyoer heb ef tᵣiſt 6yf allidya6c.
m6c a6eleis hedi6 ‖ heb ef yn kyuodi ohodnant ac
ny kylchynu lla6er odinaſſoed.   Yg62 heb ef agyn-
neua6d ytan h6nn6. yveddyant ef agerdha ffo2d
ykerda6d ym6c. heb y62eic y26yt ynynvyt. kyuot
yvynyd hebhi achymer dy6eiſſon ygyt [109] athi.
allad yneb agynneua6d ytan h6nn6 ardy dir heb
dy gannyat.   ac yna ydoeth boya ae yſgi6ereit
ygyt ac ef arved6l llad de6i ae diſgyblon.   aphann
doethant tu ar lle yd oed de6i.   ydyg6ydaſſant yny
kryt hyt na ellynt 6y 6neuthur dim d26c ynybyt
yde6i. nac ydiſgyblon. onyt eu g6att6ar. ady6edut
geireu tremygedic yny kyueir.   ac ymhoelut ad2ef.
ac val ybydynt velle. naᴄhaf 62eic boya ynkyuaruot
ac 6ynt ac yndy6edut.   Yn bugelyd ny ady6eſſant
ymi ryvar6 ynholl yſgrybyl ni. nyt amgen. an
g6arthec an ychen an greoed. andeueit. ac eu
bot oll ynveir6 ac eu llygeit yn ago2et.   ac yna
k6ynnvan ac vda6 agriduan ao2uc boya ae 62eic
aedyl6yth.   ady6edut. ysant hoy6 ybuam ni yny
6att6a2 a6naeth hȳn Sef y ca6ſſant h6y yny kyngo2
g6edia6 yſant.   acheiſſa6 yvod ef ae dyl6yth.   ac
yna yrodes boya ynd2agy6yda6l hodnant yde6i. ac
ymhoelut ad2ef ao2uc boya ae dyl6yth ygyt ac ef.
aphann deuthant ad2ef 6ynt aga6ſſant yhanyueileit
ynvy6 ac yn yach.   ac yna ydy6at g62eic boya v2th

ylla6‖uo2ynyon. e6ch heb hi hyt y2auon yſyd
gerlla6 ysant. adioſgl6ch a6ch dillat. ac yn
noeth dy6ed6ch v2thunt geireu ani6eir ky6ilydus.
holl diſgyblon de6i auu ana6d gantunt diodef
yky6ilyd h6nn6. ac ady6edaſſant v2th de6i. fo6n
odyma ymeith heb 6y. ny aall6nn ni diodef hynn.
nac ed2ych ary g62aged d26c. ac yna ydy6ant
ysant ponyt g6ell yni peri vdunt 6y ada6 ylleh6nn.
yni. ac yna de6i ae diſgyblon ady26eſtaſſant ynos
honno hyt trannoeth. T2anoeth ydy6at g62eic
boya v2th yllyſuerch. tidi vo26yn heb hi kyuot ac
a6nn yn d6y ylyn alun ygeiſſa6 kneu. heb yvo2-
6yn v2th yllyſuam. para6t vyfi. hebhi yvynet.
acherdet a6naethant hyt yg6aela6t yglyn. aphan
doethant yno eiſte ao2uc yllyſuam ady6edut v2th
yllyſuerch. dy2o dybenn ymharffet. mi adihaedaf
di benn. Sef ao2uc yvo26yn da di6eir war gymenn.
rodi yphenn yn arffet yllyſuam. Sef ao2uc yllyſuam
tynnv kyllell allad pen yvo26yn santeſ. ac yny
gyſeir [110] ydyg6yda6d yg6aet y2lla62 yd ymdan-
goſſes ffynnya6n. alla6er odynyon agauas yechyt
ag6aret yno. ahyt hedi6 ygel6ir y ffynna6n honno.
Fynna6n duna6t. kanys duna6t oed en6 yvo26yn.
Yna yffoes yllyſuam d26c˛ ac ny 6ybu neb o2 byt
h6nn pa angheu ae duc. ‖ aboya adech2eua6d d2yc
aruaethu. ade6i ae diſgyblon ala6enhaſſant. Yna
ymedylya6d boya lad dauyd aedifgyblon. ac eiſſoes
ſef ydam6eina6d ybo2e trannoeth dyuot yelyn hyt
yt62 yd oed boya ynda6 yn kyſgu. g6edy caffel
ypy2th yn ago2et allad penn boya yny 6ely. ac

yndiannot ydoeth tan oı nef allofci yı holl
adeiladeu hyt ylla6ı. G6ybydet ba6p rylad oı
argl6yd du6 o acha6s de6i. boya a ſatᵐpa y6ıeic.
Odyna yı adeila6d de6i yglynn hodnant. ac nyt
oed yno dim d6fyı. onnyt chydic onny d6fyı redeg-
a6c. ac yna yg6edia6d de6i ar yıargl6yd. ac
yndiannot ykyuodes ffynna6n eglur. ac ynoes
de6i ybu yffynna6n honno ynlla6n o6in val na bu
arna6 ynyoes ef eiffeu g6in da. llyna rod teil6ng
ygan du6 yry6 6ıh6nn6. Yn ol ⌣ hynny g6eſlan
eſcob bıa6*t*[1] ffydyde6i. adiſgybyl yde6i ael6it
eliud. elldeu adyı6eſtaffant ygeiffa6 ygan du6 ffyn-
nhonnev od6fyı croe6. kanyt oed dim yny dinas
od6fyı. arac ſychet yı amffer. ac yna yca6ffant
ygan du6 d6y ffynna6n. ac ael6ir hyt hedi6. ffyn-
na6n g6eſtlan. affynna6n eliud. ar crupleit ar
deillonn. ar cleiuon ageffynt.waret ynyd6y ffyn-
na6n hynny. ac ymyſchynny yıoed aydan ſant
yny egl6ys ehun yndinas g6eruin yng6edia6 nyt
amgen. nos paſc nachaf angel yı argl6yd yndy‖vot
atta6 ac yndy6edut vıtha6. Ti di 6ıda g6ynuydedic
pony 6doſti heb ef yı hynn yd ys yny daıparv
ydauid ſant dy athıo di yglyn roſin. na6n dyoer
heb yı aedan. heb yı angel neur dery6 ytʳⁱ oedyly-
6yth oıvanachol g6nneuthur yvrat. nyt amgen dodi
g6en6yn ymy6n bara. ar bara h6nn6 arodir ida6
ef avoıy oev6ytta. vıth hynny anuon gennat hyt
at dy athıo ac arch ida6 ymoglyt ybara ar g6enn6yn

---

[1] Originally written *bra6p*, and corrected to *brawt* by the
rubricator.

ynda6. sef ao2uc ysant t^{ri}ftav ac 6yla6. argl6yd
heb [111] ef padel6 y2anuonafi gennat yno mo2 vy2r
y2oet ac ymae. nyt oes long ynbara6t val ygaller
ychaffel. anuon heb y2 angel dygyt difgybyl nyt
amgen Scuthyn hyt ytraeth. ami abaraf ida6
vynet d2uod. Sef ao2uc scuthyn yn lla6en g6neuthur
y2oedit yny erchi ida6. adyuot ytu artraeth.
acherdet yny dvfuy2 racda6 yny deuth yd6fuy2 ida6
hyt ylinyeu ac yn deiffyuyt llyma anghenuil o2 mo2
yny gymryt arygeuyn ac yn mynet ac ef d2vod
ynyvv arytir arall. ac erbyn hanner dyd dy6 pafc
y2oed ef ygyt ae ath2o. ac val y2 oed de6i yndyuot
o2 egl6ys g6edy offerennev. ag6edy p2egethu
y2holl v2ody2. nachaf yguelei ef ygennat ynkyuar-
uot ac ef yny lle ael6ir bed yfcolan. Sef ao2uc
de6i yna bot ynlla6en v2tha6 amynet d6yla6 myn6gyl
|| ida6. ac amouyn ac ef am anffa6d mayda6c sant
ydifgybyl. ama62 ycarei de6i ydifgybyl. ag6edy
daruot y2 gennat menegi ida6 ef og6byl anfa6d
mayda6c ydifgybyl. gal6 ao2uc fcuthyn de6i atta6
ar neilltu adatkanu ida6 ygennad62i. amegys |
amegys armod ydy6edaffei y2 angel v2th vayda6c
sant. Sef ao2uc de6i yna kynnhe6i amedylya6
ady6edut diol6ch ma62 ydu6 adyuot racdu *y2*|va-
nachloc. ag6edy eifte pa6b yny mod ydylyynt.
g6edy daruot ygras. kyuodi ao2uc ydiagon y2h6n
a6nna a6affannaethei ar dauid y6affannaethu a2 bara
g6enn6ynic ganta6. Sef ao2uc fcuthyn kyfuodi
yvynyd ady6edut. tidi heb ef. ny6affanaethẏ di
hedi6. miui heb y2 fcuthyn auyd g6affanaeth62

. hedi6. Sef ao2uc h6nn6 mynet yeifted afynnya6
arna6 yn va62. ef a6ydyat kared aoed ynyved6l.
ac yna ykymerth de6i ybara g6enn6ynic ae rannv
yn teir rann. arodi vn yaft aoed yn seuyll allann
odieithy2 yd26s. ar a62 ylle6as y2 aft ybara. ybu
a|allmar6 ac yfy2thya6d yble6 oll yn enkyt ytra6yt
y2 amrant aryllall. atho2ri ycroen yamdanei
afy2tha6 yholl perued y2lla62. Sef ao2uc y2 holl
v2ody2 pann 6elfant hynny fynnya6 yn va62 arnunt.
ac yna yd anuones de6i y2 eil rann o2 bara yv2an
aoed yn go26ed [1 1 2] arynyth ymy6n onnen yffreutur
|| ac auon aoed ytu ar deheu. y2 a62 ykymerth hi
ybara yny gyluin hi afy2tha6d o2 p2enn ynvar6 y2
lla62. Ytryded rann o2 bara agymerth de6i. ac
ae bendiga6d ac ae b6ytaa6d. Sef a6nnaeth y2holl
v2ody2 ed2ych arna6 aryuedu ynva62 ac ofuynhav
yn o2mod am de6i. ac yna ymenegys de6i ydam6ein
y2 holl v2ody2 mal ymynnaffei yt6yll62 y6en6yna6.
ac yna yrodes y2 hollv2ody2 euhemelltith aryg6y2
hynny. ac ygyt ahynny rodi arytat o2nef hyt
nacheffynt h6y ynd2agy6yda6l gyurann otey2nnas
nef. ag6edy kadarnnhav ffyd ach2et yny2 ynys
honn. holl lauur6y2 y2 hynys hon adeuthant ygyt
hyt yndo2 sened v2eui ar efcyb. ar ath2a6on ar
offeireit. arb2enhined ar ty6yffogyonn. ar ieirll.
arbar6neit. ar go2eug6y2. ar yfg6iereit. ar kreuyd-
6y2 ynll6y2 apha6b heb allu rif arnadunt aymgyn-
nullaffant ysened v2eui. ac amot a6naethp6yt yny
gynnulleidua honno. p6ybynnac o2 sened o2feint
ap2egethei val ycly6ei yniuer h6nn6 yn gyffredin.

gadv ohonunt ynbennadur ar seint ynys prydein.
ac yna ydechreua6d yfeint bregethu bop eil6ers.
ac yna ydy6at vn dros ykyffredin. ykannvet dyn
or gynnulleidua hon heb ef. nychly6 dim orbre-
geth.   Yr y6ch yn llauurya6 yn ouer o g6byl.   Yna
ydy6at ‖ pob vn or seint vrth ygilyd. nyt oes neb
ohonom aallo pregethu yrniuer h6nn. ani ae
prouaffam pob eil6ers.   ania6el6nn nat oes gras
yneb ohonam ni ybregethu yrniuer h6nn.   Edrych-
6ch amedyly6ch a6d|da6ch ch6i aoes neb mor
deil6ng ac ygallo pregethu yrh6nn yniuer yma.
Yna ydatteba6d paulinus fant ahen efcob oed ef.
myuy heb ef a6nn 6as Ieuangk tec ad6yn.   ac
angel yn6aftat yngetymdeith ida6.   ami ae had6en
heb ef yvot ef yn gymenn.   ac ynn di6eir ac yn
caru du6 yn va6r.   ac a6nn ycar du6 ynteu.   ae
vot yngyuranna6c ar yr holl voeffeu da.   miui heb
ef a6n ymae m6yhaf dyn rat du6 arna6 ynyr ynys
honn y6 h6nn6.   adauid fant ygel6ir.   Yn gyntaf ef
adyfca6d llen aberthynei ida6 ydyfcu [113] arydech-
reu.   ag6edy hynny ef adyfca6d ygennyf ynhev
yr yfcrythur lan.   ac auu athro.   ac ynrufein
avrdd6yt ynarchefcob.   ami heb ef a6eleis angel
yndyuot atta6 ac yngal6 arna6 ac yn erchi ida6
vynet y6lat ygyuanhedu ylle abarchaffei du6 ida6
yn teyrnnas demetica.   Sef y6 honno myny6 yny
deheu.   E6ch agel6ch atta6ch h6nn6 ef yffyd yn
caru du6 va6r ac yn pregethu yg^{r}ft.   amiui a6n
ymae ida6 ef yrodes du6 ygras.   ac yna yr anuones
yfeint gennadeu hyt yndinas rubi ylle yroed dauid

fant g6as ydu6 yn g6edia6 ac yn dyfcu. aphann
gigleu ‖ ef neges ykennadeu· llyma yıatteb arodes
ef. nyt amgen. nyt af vi heb ef yno. yfg6ell gēnyf
6edia6 du6 yman. e6ch6i heb ef yn tagneued du6 oe
garyat. ar eil6eith yfeint a6ha6daffant de6i fant. ac
ynteu arodes yıvn atteb arodes gynt. arodes
tryded 6eith ogyduundeb yıholl feint yı anuonet at
de6i ɟn gennadeu ydeu fant bennaf aoed yno.
nyt amgen. Deynioel. adubıicius. ar nos honno
dyuot ykennadeu at de6i. ade6i ady6at vıth
ydifgyblon. vy meibon i g6ybyd6chch6i yda6 ken-
nadeu yma avoıe. e6ch ybyfcotta yımoı adyg6ch
yma heb ef dyfu6ı gloy6 oıffynna6n. ar kennadeu
adeuthant ydyd ydy6at de6i vıthv ac ynteu abara-
toes vdunt h6y eu kinya6. difgyblon dauid arod-
affant aryb6ıd ger bıonn yfeint. pifca6t digoned
ad6fyı oıffynna6n ar d6fyı aeth yn6in arhynt.
adauyd ady6at vıthunt. b6ytte6ch vıodyı yn lla6en.
ac yna ydy6at ydeufant vıtha6. nychemer6n ni
nab6yt nadia6t heb6y. onnyt ede6y ditheu dyuot
ygyt anynhev yı fened va6ı anryued ylle ymae llu
nyellir yrifua6 yth aros di. vıth hynny heb yı
h6ynt dabıe ygyt ani yı du6. ac yı bendith hynny
ofeint. onny mynny haedu yhemelltith. heb de6i
yna. mi aaf heb ef yı caryat du6 at y‖ketymeithonn
hynny. eiffoes heb ef yıh6nn aerch6ch ymi nys
gallafi. Miui heb ef agerdaf ygyt ach6i hyt yfened.
ach6itheu g6edi6ch ytat pennaf yny rodho ef gan-
nho₂th6y yni dıuein. amynhev achg6ediaf ch6itheu
vıodyı yny gymeroch ch6itheu [114] b6yt adia6t oı

aluſſén ar garda6t arodet yni o2nef. ag6edyhynny
kyuot ao2uc de6i ygyt ar kennadeu yſenedv2eui.
achynn ydyuot yr gynnulleitua honno. nachaf
yg6elyynt yndyfot ynyherbyn g62eic 6ed6 g6edy
mar6 yhun mab. ar62eic yng6eidi ꝺc yndifgy2ya6.
aphann 6elas de6i y62eic yny d2yy2uerth h6nn6.
kyſſeuyll ao2uc agoll6ng ykennadeu o2blaen. Sef
ao2uc y62eic d2uan agly6ſſei glot de6i. fy2tha6 ar
dal ydeulin amenegi ida6 bot yhun mab yn var6.
Sef a6naeth de6i yna trugarhav 62thi. ath2oſſi ygyt
ahi y2 lle y2 oed ymab ynvar6 yn emyl auon ael6it
teiui. adyuot y2ty ylle y2oed go2ff ymab. afy2-
thya6 ao2uc de6i aryco2ff. adodi yeneu v2th eneu
ymab. ag6edia6 y2 argl6yd ady6edut. vy argl6yd
du6 i. ti adifgynneiſt oarffet ytat onef. y2byt h6nn on
hacha6s ni bechaduryeit yanp2ynu ni ofauan y2hen
elyn. trugarhaa argl6yd v2th y62eic 6ed6 honn
yman. ady2o yn yhun mab yny eneit d2acheuen
val yma62haer dy en6 di yny2 ‖ holl dayar. aphann
daruu yde6i y6edi. kyuodi ynholl yach ao2uc ymab
mal bei atuei yn kyuodi o gyſcu. ade6i erbyn
yla6 deheu yny gyuodi aerodi ynholl yach yvam.
Sef ao2uc ymab o2 lle ykyuodet ef oveir6 kannhlyn
de6i oved6l ag6eith2et. ac ef auu d26y la6er
ovl6ynnyded ygyt ade6i yng6aſſannaethu du6.
apha6b o2 a6elfant hynny avolyaſſant du6. Odyna
ykerdda6d dauid ygyt achennadeu yſeint hyt yſe-
ned y2 oedit yny aros. aphann deuth dauid yno
ykyuodes y2holl seint yny erbyn pann 6elfant ef yn
dyuot. achyuarch g6e|ell ida6. afy2thya6 ar dal

yglinyeu ac erchi idaƀ pꝛegethu. gann dyꝛchauel
ohonaƀ ybenn bꝛynn vchel ylle ybuaffei bꝛegeth
kynn ohynny. ac efcuffaƀ aoꝛuc ef ar dalym oenkyt
vꝛthunt. adyƀedut na bedei ef ac naallei ƀnneuthur
ypeth yd oedynt ƀy yny erchi idaƀ. eiffoes ef
agymerth venndith ykyffredin ac avfydhaaƀd vdunt.
agƀꝛthot aoꝛuc ef yfgynnv ybenn ybꝛenn. adyƀedut
na mynnei ef le yseuyll onnyt aryllaƀꝛ gƀaftat.
adechꝛeu pꝛegethu odyno aoꝛuc deƀi ogyureith gꝛⁱft.
ar euegyl. [115] ahynny megys llef koꝛnn eglur.
a yn amlƀc hynny ybopdyn. yrpellaf yn gynn
egluret ar yꝛ neffaf. ac yn gynngyffredinet ac
ybydei yꝛheul ybaƀp pann vei hanner dyd. ahynny
auu || ryued gann baƀp. aphann oed deƀi arƀarthaf
yllaƀꝛ gƀaftat adyƀedƀyt vchot ynpꝛegethu. yky-
uodes yllaƀꝛ hƀnnƀ megys mynyd vchel dan ydꝛaet
aphaƀb oꝛ gynnulleitua honno ynedꝛych ar hynny.
yꝛhƀnn yffyd etƀo ynvꝛynn vchel ynamlƀc gann
baƀp. ac ynƀaftatir obop paꝛth idaƀ. ar gƀyꝛth ar
ryuedaƀt hƀnnƀ aoꝛuc duƀ er deƀi yn llanndeƀivꝛeui.
ac yna yngytuun yrycgtunt ehunein moli deƀi fant
aoꝛugant. ac adef ynduhun yvot ef yntyƀyffaƀc
ar seint ynys pꝛydein. ganndyƀedut malhynn.
megys yrodes duƀ pennadur yny moꝛ arbop kenedyl
oꝛ pyfcaƀt. amegys yrodes duƀ pennadur yny
dayar aryradar. velle yrodes ef deƀi yn pennadur
ary dynyon ynybyt hƀnn. ac ynymod yrodes duƀ
matheu yn iudea. alucas yn alexandꝛia. achꝛⁱft
ygkaeruffalem. apheder ynrufein. amartin yn
ffreinc. afampfon yn llydaƀ. yrodes ydauid fant

vot yn ynys pıydein. ac vıthhynny yg6naethp6yt
de6i fant ynty6yffa6c ac yn pennadur ar feint ynys
pıydein. a|ampıegethu ohona6 yny fened va6ı
honno yıholl bobyl ynyrhonn nyaalla6d neb bıe-
gethu namyn ef. ar dydh6nn6 holl feint yı ynys
honn ar bıenhined oll. aoftynghaffant ar euglin-
nyeu yadoli yde6i. ac arod|daffant ida6 vot
ynbennaf aı feint ynys pıydein. ac ef aehaeda6d.
ar dydh6nn6 yrodet yde6i ynodua||eu. ac amdiff-
ynn ybop kyury6 dyn oıa6nnelei dı6c oı affoei
yna6dir de6i. Honn y6 nodua de6i yba6p oıa vo
yn dinas rubi yn na6d de6i ac adan yamdiffynn
obyd reit ida6. kennat y6 ida6 vynet odyfi hyt ar
deiui. ac oıbyd reit ida6 vynet avo moe. aet yn
ragoı rac pob fant. abıenhin adyn ynyı ynys
honn. Nodua de6i y6. palebynnac ybo tir kͻffe-
gredic yde6i sant. ac na lauaffo na bıenhin na
tͻ6yffa6c nac efcob na sant rodi na6d ida6 ymblaen
de6i. kanys ef agauas na6d ymlaen pa6b. ac nys
cauas [116] neb yny vlaen ef. kanys ef aoffodes
du6 adynyon ynbennaf oı holl ynys. Ac yna yı
yfgymuna6d hynny ofeint oduundeb ybıenhined
yneb adoırei nodua de6i fant. ac odyna val yd
oed de6i du6 ma6ıth di6ethaf ovis ch6efra6ı yn
g6arannda6 aryıyfcolheigyon yn g6affanaethudu6.
nachaf ycly6ei angel ynymdidan ac ef ac yn dy6edut
vıtha6 val hynn. dauid heb yr angel ypeth ageiff-
eifti yı ys talym ygann dy argl6yd du6 ymae yn
barawt yt pann ymynnych. Sef aoıuc ynteu yna
dyıchauel y6yneb yvynyd. alla6enhau. ady6edut

valhynn. yꝛaƀꝛhonn arglƀyd kymer dyƀas di ythag-
neued.   Sef aoꝛuc yꝛ yſcolheigonn aoed yngƀar-
andaƀ ydeu ymadꝛaƀd hỹn.   ſynnyaƀ arnunt yn
vaƀꝛ.   aſyꝛthyaƀ megys dyny‖on meirƀ.   ac yn
yng ar hynny nachaf yclyƀynt llef didan ac arogleu
teccaf ynlleƀni ydinas.   Sef aoꝛuc dauid yꝛ eilƀeith
dyƀedut yn vchel.   arglƀyd ieſſu gꝛⁱſt heb ef kymer
vyeneit.   ac naat vi ydꝛigyaƀ auo hƀy yny dꝛygeu
hynn.   ac ynolhynny ƀynt aglyƀynt eilƀeith yꝛ
angel yndyƀedut vꝛth deƀi.   Dauyd sant ymparattoa.
ydyd kynntaf ovaƀꝛth ef adaƀ dyarglƀyd di ieſſu
gꝛⁱſt anaƀ rad nef ygyt ac ef adecuet ydayar yth
erbyn.   ac ael aeilƀ ygyt athi oꝛ rei avynnych ti.
oyſcolheic.   alleyc.   gƀiryon.   aphechadur.   Ieuang
ahen.   mab   amerch.   Gƀꝛ   agƀꝛeic.   croeſſan.
aphutein.   Ideƀ.   asaraſcin.   ahynny adaƀ ygyt
athi.   ar bꝛodyr kymein hun.   pann glyƀyſſant
hynny.   dꝛƀy ƀylyaƀ achƀynaƀ.   ac vdaƀ ac vche-
neidyaƀ adyꝛchauaſſant eu llef ac adyƀedaſſant.
arglƀyd deƀi sant.   canhoꝛthƀya yn triſtit.   ac yna
ydyƀat deƀi vꝛthunt hƀy gann eu didanu ae llaƀen-
hav.   vy mrodyꝛ bydƀch ƀaſtat ac vnvedƀl.   apha-
bethbynnac aƀelſaƀch ac aglyƀyſſaƀch gennyfi.
kedƀch ef agoꝛffennƀch beth mƀy.   Oꝛdyd hƀnnƀ
hyt yꝛ ƀythuet nyt aeth deƀi oꝛeglƀys obꝛegethu
ybaƀp agƀediaƀ.   Ychƀedyl eiſſoes ynoet vndyd
aaeth dꝛƀy yꝛholl ynys honn aclƀerdon gann yꝛ
angel.   Sef val ydyƀedei yꝛ angel.   gƀybydƀchƀi
pann yƀ ynyꝛ ƀythnos neſſaf yſſyd yndyuot yd a deƀi
ſant [117] ych arglƀyd chƀi oꝛbyt hƀnn yma at ‖

yargl6yd. Yna yg6elut ti gyfuredec gann ſeint yı
ynys honn. aſeint I6erdonn obop parth yndyvot
yym6elet ade6i ſant. Ob6y yna aallei diodeſ
6ylouein yſeint neu vcheneideu ymeud6yot neur
offeireit. ardiſgyblonn yndy6edut. p6y andyſc ni.
k6yn yperſonnyeit yndy6edut. p6y an kanhoıth6ya
ni. annobeith ybıenhined yndy6edut p6y anhurda
ni. p6y avyd tat kynn dıugarocket ade6i. p6y
awedia dıoſſom ni ar ynhargl6yd. k6ynvan ytlodyon
ar cleiuon ynvda6. Ymyneich ar g6erydon. arei
pıia6t. ar penyd6yı. yg6eiſſon Ieueing ar moıyn-
yonn. ymeibon ar merchet. arei ne6ydeni ar
eubıonnev yn gollóng eu dagreu. beth adıaethaſ
vi. onnyt vn k6yn gann ba6p. Ybıenhined yn c6yna6
eubıa6t. Yıhyneiſ yn c6yna6 eumab. ymeibon yn
c6yna6 ytat. Dy6sul ycana6d de6i offerenn ac ypıe-
getha6d yı bopyl ae gyury6 kynn noc eſ nys cly6-
yſb6yt. ag6edy eſ byth nychly6ir. Nys g6elas llygat
eiroet yſa6l dynyon yn vn lle. aguedy daruot ybıe-
geth ac offerenn. yrodes de6i yn gyffredin yvendith
yba6p. oıa oed yna. ag6edy daruot ida6 rodi yvenn-
dith yba6p. ydy6at yı ymadıa6d hónn. argl6ydi
vıodyı ach6ioıyd byd6ch la6en. ached6ch ychffyd
achret. ag6ne6ch ypetheu bychein agly6yſſa6ch ac
a6elſa6ch gēnyfi. amynheu agerdaſ yffoıd yd a an
tadeu idi. ac ynn ‖ yach y6ch heb yde6i. aphoet
grymus y6ch vot arydayar. abyth bellach nyt
ym6elón ni. Yna ycly6it ga6ı gyffredin yn kyuodi
gann g6ynnvan ac 6ylouein adagreu. ac yndy6edut.
och nalónck ydayarni. och na da6 tan yanlloſci ni.

och nada6 ymo2 d2os ytir. och na fy2th ymynyded ar
an g6aftat .ni. apha6bhayach aoed yna yn mynet
yangheu.   Ody6 sulhyt dy6merchy2 g6edy mar6
de6i. ny la6ffant nab6yt na dia6t. namỹ g6edia6
d26y d2iftit. anos va62th ynkylch canu ykeila6c.
nachaf lu oengylyon yn lle6ni ydinas. aphob ry6
gerdeu adigrif6ch ympob lle ynydinas ynlla6n. ac
yny2a62 vo2e nachaf y2 argl6yd ieffu g^rift yndyfot
achyt ac ef na6rad nef megys [118] ygada6ffei yny
va626hyd2i. arheul yn eglur yneglura6 y2holl
luoed. ahynny dy6 ma62th ydyd kynntaf ogalan
ma62th ykymerth ieffu g^rift eneit de6i fant ygyt
ama62 uudugolyaeth alle6enyd. ac anryded. g6edy
yne6yn ae fychet. ae an6yt. ae lauuryei. ae
dy26eft. ae ga2dodeu. ae vlinder. ae d2alla6t. ae
b2ouedigaetheu. ae ved6l amybyt ykymerth y2
engylyon yeneit. ac ydugant y2lle ymae goleuni
hebdi6ed. argo2ff6ys heb lauur. alle6enyd heb
triftit. ac amled obopry6 da. abudugolyaeth.
achlaerder. atheg6ch. ylle ymae molyant ryf6y2
c^rift. ylle y2 yfgaeluffir ykyuoethogyon d26c. ylle
ymae yechyt heb dolur. ‖ a Ieuengtit heb heneint.
athagneued heb anuundeb. agogonyant heb o2-
6agr6yd. acherdeu heb vlinder. agob26yeu heb
di6ed.   Ylle ymae abel ygyt ar merthy2i. lle ymae
enoc ygyt arei by6. lle ymae noe ygyt ar llong6y2.
lle ymae ab2aham ygyt ar ped2ieirch. lle ymae
melchifedech gyt ar offeireit. lle ymae iob ygyt
arei da eu diodef. lle ymae moyfen ygyt ar
ty6yffogyonn. lle ymae a|aron gyt arefcyb. lle

ymae dauid ygyt arbꝛenhined. lle ymae yſaias gyt
ar pꝛoff6ydi. lle ymae meir gyt ar g6erydon. lle
ymae pedyꝛ ygyt ar ebeſtyl. lle ymae pa6l ygyt
ag6yꝛ groec. lle ymae thomas ygyt ag6yꝛ yꝛ yndia.
lle ymae Ieuan ygyt ag6yꝛ yꝛ aſia. lle ymae matheu
ygyt ag6yꝛ yjudea. ylle ymae lucas ygyt ag6yꝛ
achaia. lle ymae marcus ygyt ag6yꝛ alexandꝛia.
lle ymae andꝛeas ygyt ag6yꝛ ſithya. lle ymae yꝛ
engylyon ar archengylyon. acherubin aſeraphin.
abꝛenhin ybꝛenhined ynyꝛ oes oſſoed. amē. ac
val ycoffayſſam ni de6i ynyuuched ehun. ae weith-
ꝛedoed yny dayar yma. velle ybo canhoꝛth6y6ꝛ
yntev ac ygrymoccao yeira6l ynynheu geir bꝛonn
yg6ir grea6dyꝛ ar gaffel trugared raclla6.

Dy6edic y6 hyt hynn odalym ouuched de6i ae
  wyꝛtheu.
Dy6edad6y y6 rac lla6 obeth ouuched veuno ae
  6yꝛtheu. ‖ [119]

HYSTORIA O UUCHED BEUNO

G6ꝛ bonnhedic aoed gynt ympo6ys ynylle ael6ir
banhenic gerlla6 auon ael6it ynyꝛ amſer h6nn6
ſabꝛina. ynyꝛ amſer h6nn ygel6ir hitheu hafren. ⌣
ac en6 yg6ꝛ bonnhedic h6nn6 oed bugi. ae 6ꝛeic
ael6it beren verch la6dden. dynyon g6iryon oedynt
ada oed eubuched. agoꝛchymynnev du6 a6neynt
obop ffoꝛd. oꝛygellynt heb enn6ired oꝛbyt aellit

ydodi yny herbyn. ac nyt oedvdunt etiued ovab.
adynyon oeda6c oedynt val nabydei blant vdunt
vyth. kannys yrān v6yhaf oc euhamffer adʒeul-
yffynt. achyt gyfcu ydoedynt yʒ ys deudeg
mlyned heb achos kna6da6l yrygtunt. ahynny
oeduhundeb elldeu. adydg6eith val yʒ oedynt
ynymdidan. 6ynt a6elynt angel yndyuot attunt ae
6ifc yn gynn6ȳnet ar eiry. ac yndy6edut vʒthunt.
byd6ch la6en ahyuryt. kanys g6erende6is du6 ych
g6edi. ac yna ydy6at yʒ angel vʒth yg6ʒ. bit
heno heb ef getymeithas kna6da6l yroti ath6ʒeic.
ahi ageiff veichogi. ac oʒbeichogi h6nn6 ef aenir
mab idi. ah6nn6 auyd anryded[us] her6yddu6 adyn.
ac val ygoʒchymynna6d yʒangel vdunt 6ynt aeg6n-
naethant. abeichogi agauas beren ynos honno.
ac oʒbeichogi h6nn6 ef aanet mab idi. ac arymab
h6nn6 ydodet yn en6 beuno. ameithʒin ymab
a6naethant yny uu amfer yrodi vʒth leen. ac yna
yʒ anuonet ef hyt ar fant aoed yngkaer6ent. en6
yfant oed ‖ tangufius. ae reeni ae rodaffant.
ahynny dʒ6y od|duunet. achyt ar fant h6nn6 ybu
ef dʒ6y gānhoʒth6y du6 yn dyfcu yny 6ybu yʒ holl
yfcrythur lan. Odyna ydyfga6d ef 6affannaeth
aryoleu yʒ egl6ys. ac ykymerth vʒdeu ac ybu
offeirat. ac yna yd argannuu ynyʒ g6ent ef. bʒen-
hin oed h6nn6 ynyvannhonno. yn vfyd ac yndi6eir.
ac ynn hael. ac yn g6nneuthur gorchymynnev
ympob pe|eth. ae erbynnyeit [120] yn anryded[us]
aoʒuc ac yn garedic arodi ida6 modʒ6y eur acho ʒon.
ac ymrodi ehun yndifgybyl ac yn vynach yveuno

fant. arodi ida6 teir ranndir yn evas. arbopyl
oll aoed ar yı᾿ ranndireu hynny. ae holl da byt.
ac ynyı amffer h6nn6 ycleuycha6d tat beuno oheint
annobeith. ac anuon kennat at veuno yvab aoıuc.
ac erchi ida6 dyuot vıth y6enndit ae di6ed. ac
yna ydy6at beuno vıth ygetymeithon ae difgyblon.
arhoet tⁿ heb ef yma ohona6ch yny dinas h6nn.
amynheu aaf yedıych vȳntat yffyd yn 6ann glaf.
ac velly yg6naethant h6y. a beuno fant aegoıchy-
mynna6d 6ynt yı bıenhin. ac y6yıda y6lat. ac
ynteu aaeth racda6 hyt ylle ydoed ydat ynglaf.
ae tat g6edy caffel kymyn achyffes adi6ed perffeith.
avu var6. G6edy hynny beuno a dıigya6d ar dıef
ydat. ac aadeila6d egl6ys yno. ac ae kyffegra6d
yn en6 yı ‖ argl6yd grift. ac ablanna6d veffen
ynyftlys bed ydat. ahonno adyfa6d yno ynder6en
dirua6ı yhuchet ae fraffet. ac arvıic ypıenn h6nn6
ef a6ıthtyfa6d keing hyt ylla6ı. ac oılla6er dıa-
cheuen yn ogyuuch abıic ypıenn. athıigya6 elin
yıgeing arylla6ı. ac velle ymae yn6ftat. ac oda
seif yr6ng yıelin honno abon ypıenn yndiannot
ybyd mar6. ac os kymro aa yno ny henuyd g6aeth.
ag6edy trigya6beuno ar tref ydat ardalym oamfer.
ygede6is tret ytat. ac ykerda6d racda6 hyt at va6n
vab bıoch6el. ah6nn6 aeherbynna6d ef yn garedic
ac ynn vonedigeid o achos ygyfueillach ae haeloni
aevfyllda6t yn goıchymynnev du6. ac yna yrodes
ma6n dıos yeneit ef ac eneit ydat. aberri6 ydu6
abeuno. adydg6eith val ydoed beuno yn goıymdeith
geir lla6 auon hafren yngkylch yyt nachaf ycly6ei

oꝛ tu arall yꝛ auon llef seif yn annoc ygȯn yꝷhely
yſgyfuarnnaȯc.   Sef adyȯedei yseif hyt ybennꝰ
kergia kergia.   Sef oedhynny yny ieith ef.   annoc
ygȯn.   aphann gigleu veuno llef yseif.   ymhoelut
yndiannot aoꝛuc dꝛacheuen adyuot arydifgyblon
adyȯedut vꝛthunt.   gȯifgȯch amdanaȯch ychdillat
vy meibon .i.   ach [121] archennat ac adaȯn ylle
hȯñ.   kenedyl ygȯꝛ angkyuyeith agigleu vi yle tu
dꝛaȯ yꝛ auon yn annoc ygȯn aoꝛefgynnant yllehȯnn. ∥
ac avyd eidunt.   ac ae kynnhalyant daneu medd-
yant ac yna ydyȯat beuno vꝛth vn oe difgyblonn.
ʀithȯlint oed yenȯ.   vymab heb ef byd vfud ym.
mi avynna trigyaȯ ohonat ti yma ambendith i ygyt
ath ti.   ac adaȯ gennyt aȯna croes aȯneuthum .i.
achrymryt bendith yathꝛo aoꝛuc ydyfgybyl hȯnnȯ
athꝛigyaȯ yno.   Beuno adeuth ef aedifgyblonn hyt
ym meivot.   ac yno ytrigyaȯd ef ygyt athyffyliaȯ
ſant deugein nieu adeugein nos.   Odyna ef adeuth
hyt at kynan vꝛenhin vab bꝛochȯel.   ac erchis idaȯ
le yȯediaȯ dꝛos yeneit ae gyfueillonnꝰ   ac yna
yrodes ybꝛenhin idaȯ gȯydelȯernn ylle agauas·yenȯ
ygann yꝛyfcot agyuodes bevno ovarȯ yno.   ae
ȯꝛeic auuaffei achȯyffaȯl yangeu ef.   ac yno y-
gȯnaeth beuno eglȯys hyt yꝛ amfer ydoeth nyeint
kynan ohely arveuno yerchi bȯyt idaȯ.   gann
trigyaȯ yno yn ȯaſtat.   ac yna yd erchis beuno
yȯeiffon kyꝛchu ych Ieuancg yꝛmynyd ae lad
yarlȯyaȯ bȯyt yꝛ gȯyꝛ aoed yny erchi idaȯ.   ahynny
aoꝛuc ygȯeiffon.   ar kic adodet arytan ymyȯn
chꝛochan yverȯi ytryded aȯꝛ oꝛdyd.   a hyt bꝛyn-

nhaȏn ybu arytan. ar gȏyↄ heb oↄffȏys yn kynneu
ytan dan ycrochann. aphↄynnhaȏn nythȏymaffei
ydȏfyↄ etȏa. ac nyt amliȏaffei ykic. ac yna ydyȏat
vn oↄ lleygyon. Yↄyfcolheic hȏnn heb ef oe gel-
uydyt yffyd yn gȏneuth^{ur} || hynn val na chaffom
ni dim yvȏytta. aphann gigleu veuno yↄ ymadↄaȏd
hȏnnȏ oebenn rodi y emelltith arnnaȏ aoↄuc beuno.
amarȏ uu ynteu kynn diȏed ydyd. Yna yↄym-
hoelaȏd beuno hyt arveibon felyf adyȏedut vↄthunt.
Ypeth arodes ychteit chȏi yduȏ ynryd. avynnȏch
chȏitheu rodi mal ar ardↄeth. acheithiȏet arnnaȏ.
Ys rodho duȏ ymi. ac ys gȏnel yↄ of ygȏↄ yↄȏyfvi
yn gȏaffannaethu idaȏ. namedo ychetiued chȏi
byth euo. achdiftryȏ chȏitheu oↄ teyↄnnas honn
ateyↄnnas rac llaȏ. ac yno val yd erchis beuno
ynyȏedi ycauas. Odyno ygedeȏis bevno ylle hȏnnȏ
acykerddaȏd [122] hyt ynglan dyfyↄdȏy avon
ygeiffaȏ lle yȏediaȏ duȏ. ac nys cauas ynydoeth
hyt at temic vab eliud. ar temic hȏnnȏ arodes
yveuno yndↄagyȏydaȏl ac yndiofgrynn tref. ac yno
yↄ adeilaȏd beuno eglȏys ac ykyffegraȏd yduȏ.
Temic kynn penn hayach oamfer aedeȏis ylle
diffeith hȏnnȏ yveuno. adydgȏeith ydaeth temic
aeȏↄeic yↄ eglȏys yȏaranndaȏ offeren aphↄegeth
ygann veuno. ac adaȏ gartref yverch yngȏarchadȏ.
amoↄȏyn deccaf ynybyt oedhonn. ac nyrodaffit
hi yȏↄ yna etȏa. ac val ydoed hi ehun yngȏarchadȏ.
nachaf ygȏelei hi ybↄenhin aoed arylle hȏnnȏ
yndyuot ymyȏn attei. acharadaȏc oed yenȏ. Sef
aȏnaeth hitheu kyuodi yny erbyn abot ynllaȏen

vₗthaб. Sef aoₗuc ybₗenhin goǁuyn idi pale yₗ
athoet ythat. eſ aaeth heb.hi yₗ eglбys. oₗbyd yt
neges auo ac euo. aro éf. ac euo adaб yₗ aбₗ
honn. nac arhoaf heb ynteu onnybydy oₗderch
ditheu ym. heb yvoₗбynn nyбedaf vi yn oₗderch
ytt ti. kannys bₗenhin бyt ti ac ovₗenhined
yhanбyt. amynheu nyt kyuuch vygбaet ac ygбedбyf
yn oₗderch yt. eiſſoes heb hi. аrodi yma ynydel-
бyfi om ſambyₗ ami aбnaf avynnych. аc yn rith
mynet yſambyₗ. ffo aoₗuc hi achyₗchu tu ar eglбys
yₗ athoet ythat ae mam idi. аr bₗenhin ae har-
gannuu hi yn ffo. ae hymlit aoₗuc. аc ahi yncaffel
dₗбs yₗ eglбys ygoₗdiбes aoₗuc ynteu ac ae gledyf
taraб yphenn ynyvu ynyₗ eglбys ar coₗff ymaes
ohonei. Beuno ae that ae mam aarganuuant
hynny. аbevno adyбat yna vₗth ybₗenhin gann
edₗych yny бyneb. mi aarchaf yduб heb ef nat
arbetto ef didi ac nathbarcho moe noc ypercheiſt
titheu yvoₗбyn da honn. аc ynyₗ aбₗ honno ytodes
ybₗenhin ynllynn taбd. аc nyбelat moe no hynny
ynybyt hбn. Yna ykymerthbeuno penn yvoₗбyn
аc ydodes vₗth ycoₗff. аthannv yvantell ehun
arhyt ycoₗff. adyбedut vₗth ythat ae mam aoedynt
vch yphenn ynychбynaб. Teбch oₗigin heb ef
agedбch hi val ymae yny darffo yₗ offerenn. аbeuno
yna aaberthaбd yduб. аphan daruu yₗ offerenn.
yvoₗбyn agyuodes yn [123] hollǁyach аc aſychaбd
ychбys yaryhбyneb. аc aegбnaeth duб hi abeuno
ynholl yach. Ynylle yſyₗthyaбd ygбaet arydayar.
ykyuodes ffynnyaбn odyno. arffynnaбn honno hyt

hedi6 yffyd yn rodi yechyt ydynyon ac anyueileit
oc euheinyeu ae cl6yfeu. arffynna6nn honno aen6it
oen6 yvoɹ6yn ac ael6it ffynna6n wenvɹe6y. a lla6er
oɹ a6elfant hynny agredaffant yg^rft. ac vn orei
agreda6d yna vu gatuan vɹenhin g6yned. ah6nn6
arodes yveuno la6er odir adayar. ag6edy mar6
katuan ydaeth beuno yym6elet achad6alla6n vab
catuan oed vɹenhin g6edy catuan. ac erchi aoɹuc
beuno tir ycatuan. kanyt oed ida6 yny kyuyl
h6nn6 le y6edia6 du6 nac ybɹeff6yla6 ynda6. ac
yna ybɹenhin arodes yveuno le yn aruon ael6ir
g6areda6c. abeuno arodes yɹbɹenhin g6aell eur
arodaffei gynan vab bɹoch6el ida6 yntev pann
uuaffei var6. ar6aell honno adalei trugein mu.
ac yno yɹ adeila6d beuno egl6ys. ac ydechɹeua6d
adeilat mur yny kylch. ac val ydoed dydg6eith
yng6neuthur ymur h6nn6 ae difgyblon ygyt ac ef.
nachaf yg6elynt yn dyuot attunt g6ɹeic amab ne6yd
eni ynyharffet. ac yn erchi yveuno vendiga6 ymab.
heb ybeuno ha6ɹeic arho oɹigin yny oɹffennom
hynn. armab yn6yla6 val nat oed ha6d ydiodef.
ha6ɹeic heb ybeuno ffeft abeth yɹ6yl ymab. ha6ɹda
sant heb y6ɹeic ymae achos ida6 ‖ yhynny. ha-
6ɹeicda heb ybeuno pa acha6s y6 h6nn6. dyoer heb
y6ɹeic ytir yɹ6yt ti ynyveddyannv. ac ynadeilat
arnna6. tref tat ymab y6. Yna ydy6at beuno vɹth
ydifgyblonn. tynn6ch ychd6yla6 heb ef yvɹth
yg6eith ytra vedydy6yf yma. apharato6ch ym
vyngkerbyt. ni aa6n ygyt ar6ɹeic honn ar mab
yym6elet arbɹenhin. yg6ɹ arodes ymi ytref tat ef.

ac yna ykych6ynna6d beuno ae difgyblonn ygyt ar
6ıeic ar mab. ac ydoethant hyt yngkaer feint yılle
yı oed yb1enhin. yıa6ıhonn ygel6ir ylle h6nn6
kaer yn aruon. ac yna ydy6at beuno vıth yb1enhin.
paham heb ef yrodeifti ymi tref neb. nadylyet.
pahachos heb yb1enhin pyle ymae yneb ae dyly ef.
[124] Ymab heb ybeuno yffyd ynarffet y6ıeic racco
adyly ytir. ac yffyd etiued arna6. Dyro di heb
ybevno yı mab ytir. ady1o ymynheu tir arall
amh6nn6. neu dy1o ym yrod arodeis i yti. Sef
y6honno. y6aell aryant. Sef atteb arodes yb1en-
hin trahaus balch yveuno. ni ne6idyafi heb ef
athidi vntir. yrod arodeifti ditheu ymi. mynheu
aeroeffum hi yarall. Sef ao1uc beuno llidya6
ady6edut yb1enhin. ʍi aarchaf heb ef ydu6 na
bohir ymedych ti ar tir adayar. amynet ymeith
ao1uc beuno ae ada6 ynteu yn emelltigedic. keuen-
der6 oed yıb1enhin ael6it g6ideint. ah6nn6 agerd-
a6d ynol beuno ac ae go1di6eda6d ytu arall yı ‖
auon ael6ir seint. lley1oed beuno yneifted ar vaen
ynglan yı auon. ah6nn6 arodes d1os yneit ehun
ac eneit cad6alla6n ygeuynder6. ydu6 abeuno·
yd1ef ehun ael6it kellynna6c yn d1agy6yda6l. heb
val aheb ard1eth aheb vedyant ydyn o1byt naha6l
arnei ac yno yg6naeth beuno la6er o6yıtheu d16y
nerth du6 yrei ny allei dyn o1 byt h6nn eu rifa6.
Ac ynyı amfer h6nn6 ef adam6eina6d mynet vn
o6eith6yı aberffra6 hyt yn llys ynyı g6ent. ac o1byt
nyt oed 6as Ieuancg degach noh6nn6. aphann
6elas merch ynyı g6ent yg6as Ieuancg h6nn6. hyt

ae cara6d hyt na mynhei hi vot hebda6 ef. arbɹen-
hin aadnabu hynny yny lle ac ae g6ybu. ac ade-
6iffa6d rodi yɹ g6as h6nn6 yverch ynbɹia6t rac
ygymryt ohonei hi euo o aruer arall dieu oed ganta6
rac tecket yg6as ae ad6ynnet yvot ynvab yvɹenhin ac
yndylyeda6c. ag6edy talym oamffer ef aymhoela6d
yg6as ieuanc h6nn6 ae6ɹeic ygyt ac ef tu ae 6lat. ac
adoethant hyt ylle ael6it pennard yn aruon. ac
yna ydiʃgynaffant yar eu meirch ago1ff6ys a6naeth-
ant yno. ac otrablinder alludet. kyfcu afyɹth-
ya6d aryɹvnbennes. Sef a6naeth ynteu arvnbennes
ynkyfcu. ynyved6l ke6ilydya6 yn oɹmod yvot yn
mynet ytu ae 6lat ag6ɹeic kymoned ahonno ygyt
ac ef. ac nat oed le ygyɹchu ahi. onyt bot ynreit
‖ ida6 mynet dɹacheuen ÿɹ g6eith lle ybuaffei gynt
yn ennill yv6yt ynda6. ac [125] odyna oannoc
kythɹeul ae gledyf ahi ynych6fc. llad yphenn.
ac yna kerdet ao1uc ef racda6 tu ae 6lat ar meirch
da ar eur ar aryant ganta6 hyt at ybɹenhin. ac
o1dah6nn6 pɹynu ygann ybɹenhin medyant. as6yd.
nyt amgen bot yn diftein ida6. Sef ao1uc bugelyd
beuno arganuot yco1ff. ac yn eb1ó6yd dyuot yvenegi
yveuno hynny. Sef a6naeth beuno yna. dyuot
yndilefc ygyt ac w6ynt hyt ylle yɹoed yco1ff.
ac yny lle kymryt ypenn ae6afgu vɹth yco1ff.
afyɹtha6 ardal ylinyeu. ag6edia6 du6 val hynn.
arglóyd crea6dyɹ nef adayar yg6ɹ nyt oes dim
an6ybot ida6. kyuot ti yco1ff h6nn ynyach. ac
yny lle kyuodi ao1uc yvo1ó6yn yvyny ynhollyach
amenegi yveuno yholl dam6ein. ac yna ydy6at

beuno vɪthi hi. ᴗ De6is ti hebeſ aemynet tu ath6lat
ae trigya6 yma yng6aſſanaethu du6. heb yvoɪ6yn
da ad6yn yma hebhi ymynnafi trigya6 ger dyla6 di
ynn g6aſſanaethu du6. yg6ɪ amkyuodes i˙ynvy6
ovar6. ac ynylle yſyɪtha6d yg6aet yɪlla6ɪ yɪ
ymdangoſſes ffynna6n loe6. ac oen6 yvoɪ6yn
ykauas yffynnya6n yhen6. nyt amgen. ffynna6n
digi6c. ag6edy talym oamſer ydeuth bɪa6t yɪvn-
bennes. idon vab ynyɪ g6ent hyt at veuno yamouyn
ych6aer. ‖ aphann deuth eſ yno yɪoed yvoɪ6ynn
ygyt abeuno yng6aſſannaethu du6. agouyn aoɪuc
eſ ych6aer. adoei hi ygyt ac eſ oe6lat. ac yna
ydy6at hi namȳhei hi vynet nagada6 ylle yky-
uodyſſit hi oveir6. ag6edy g6elet ol don nathyckyei
ida6 yɪoed arna6 eruynnyeit aoɪuc eſ yveuno dyuot
ygyt ac eſ hyt yn aberffra6 yeruynneit yɪbɪenhin.
kymell ida6 ymeirch ar eur ar aryant adugaſſei
yg6ɪ ygan ych6aer. ac yna ykerdaſſant 6y elldeu
hyt yn llys ybɪenhin. ac idon aargānuu yg6ɪ
yɪoed eſ yn ygeiſſa6. ac yny lle tynnv cledyſ ad6yn
ruthyɪ ida6 allad ybenn. Seſ aoɪuc ybɪenhin yna
llidya6 ac erchi dala yg6ɪ aladaſſei ygelein. ac yna
ydy6at beuno. nadod6ch heb eſ ychlla6 aryg6ɪ
adeuth ygyt amiui. Yna ytynna6d ybɪenhin tr6y
ylit ymdeith ac ytyngha6d yparei eſ diuetha yg6ɪ
yndiannot onny 6nelei veuno [126] yg6ɪ aladyſſit
ynvy6. Seſ a6naeth beuno yna yndiargyſſ6ɪ gann
ymdiret yndu6. kyuodi ynvy6 yg6ɪ aladyſſit. Seſ
aoɪuc ybɪenhin ydiuarhav rybɪoui ohona6 yſant
arodi yna yveuno yplas ynyɪ h6nn ymae ael6yt

veuno. lla6er obetheu ereill abeidyaffam ni ac 6ynt
ac ada6ffom heb ydy6edut rac barnnv yllyuy1h6nn
yn angkryno. Ychydic y6 hynn o6y1theu beuno.
ac ny6y1 neb dyn a6naeth du6 y1 beuno onnyt du6
ehun. aph6ybynnac hyfbys ‖ y6 a6nnelda. du6
avyd kannho1th6y1 ida6. k6byl oo1chymynnev
du6 a6naey beuno. b6yt adia6t arodei y1neb a6elei
ne6yn afychet arna6. Dillat ynoeth. lletty ybell-
ynnic. Gofu6ya6 cleifyon. acha1|aro1yon a6naey.
pob ry6da o1ao1chymynnei y1yfcrythur lan y6neu-
thur ag6pplaei. Ac val y1oed hoedyl beuno yn
daruot ae dyd yndyuot. yseithuet dyd g6edy ypafc
ef a6elei ynef yn ago1et ac engylyonn yn gog6ft6ng
ac yn dy1chauel yvynyd d1acheuen. ac yna ydy6at
beuno. Mi a6elaf heb ytrinda6t ytat ar mab
aryfp1yt glan. apheder apha6l. aduid 6irjon.
adeyinoel. arfeint arp^{ro}hwydi. arebeftyl. armer-
thy1i yn ymdangos ym. ami a6elaf ymplith hynny·
seithangel ynfeuyll ger b1onn kadeir ygo1uchel dat.
aholl dadeu nef. ar kannyadaeth yndy6edut.
G6ynuydedic y6 y1h6nn aetholeifti ac agymereift
ac ab1eff6yla ygyt ynd1agy6yda6l. Mi agly6af heb
ef lef co1nn ygo1uchel tat ymg6aha6d. ac yndy6edut
v1thyf. vymab i b61o di o1eilyt dygna6t yv1thyt.
llyma y1 amffer yndyuot. ac y1 ydys yth6aha6d
ygymryt y6led nyderuyd ygyt ath v1ody1. trigyet
ynteu dygo1ff di ynydayar. Dyeneit titheu bidin-
oed nef ar engylyon aehar6ed ytey1nnas nef
y1hynn aheideift ti yma d16y di6eithredoed. y1a61
honn moe vyddydb1a6t. pann dy6etto ‖ y1 argl6yd
C 2

v₁th yseint. ᴍeibon benndigedic vyntat i. deɓch
chɓi yveddv ydeyₐnnas abarattoet yɓch yₐ dechₐeu
byt. ylle ybyd buched heb angheu. a Ieuegtit heb
heneint. aIechyt heb dolur. alleɓenyd heb triſtit.
Yſeint yny rad vchaf ygyt aduɓ dat. yn [127]
vnolyaeth ar engylyon. ar archengylyon. ynvnol-
yaeth adyſgyblon ieffu gᵣⁱſt. yn vnolyaeth naɓ rad
nef yrei nyphechaffant. yn vnolyaeth ytat ar mab
ar yſpᵣ⁷t glan. ameN. Archɓn nynheu trugared
duɓ holl gyuoethaɓc dₐɓy gannhoₐthɓy beuno ſant.
val ygallom nynheu gaffel ygyt ac euo buched
tragyɓyd ynnyₐ oes oeffoed amen.

⤳ llyma ach beuno. ⸱ ⸱
    Beuno vab bugi. vab gɓynlliɓ. vab tegit. vab
kadell dₐynlluc. vab categyₐnn. vab goₐtheyₐnn.
vab goₐthegyₐnn. vab rittegyₐn. vab deheuɓynt.
vab eudegan. vab eudegern. vab elud. vab eudos.
vab eudoleu. vab auallach. vab amalech. vab belim.
vab anna. mam yₐ anna honno oed gefnitherɓ yveir
ɓyₐy mam gᵣⁱſt. — ‖   ‖ [128]

HYSTORIA ADRIAN AC IPOTIS

PWybynnac avynnho dyſcu doethineb. ac
    yſpₐydolyon oₐcheſtonn. gɓaranndaɓet ar yₐ
ymdidan ar amofyn aoₐuc agkredadɓy amheraɓdyₐ
auu gynt yn rufein vaɓₐ. ahɓnnɓ aelɓit adₐian am-
heraɓdyₐ. Sef ydoeth mab adɓynndec ac yſpₐyt
nefaɓl yndaɓ. agoſtɓg gyₐ bₐonn yₐ amheraɓdyₐ ar

tal ylin. achyfuarch g6ell ida6. ao2uc ymab
ogaredigya6l le6enyd. ar amhera6dy2 ae hatteba6d
d26y vfyllta6l waredogr6yd. agouyn ypale ypann-
dathoed. neur deuthym heb ymab y62th vyvām
amtat yfyd o2uchaf iuftus ydyfcu dynyon anyallus
difynnh6y2a6l. boet kyfula6n vych heb y2 amher-
a6dy2 ogyureitheu du6. ac ydoeth yna y6 dyfcu
doethineb. Doeth y6 heb ymab aamgelo rac pech-
odeu mar6a6l. ac aennillo nefa6l trugared. Oth
gyfuarchaf vab heb y2 amhera6dy2. p6y y6 dy en6
di. Ipotis ymgel6ir oacha6s g6ybot ohonaf gyf-
uar6ydyt o nef. Dy6et ym vab beth y6 nef. rin
dirgel6ch du6. pybeth y6 du6 heb y2 amhera6dy2.
du6 yfyd heb dech2eu ida6. ac avyd heb di6ed
arna6. y2 amhera6dy2 aovynna6d y2mab kann 6yt
mo2 anh . . . . .[1] pybeth gynntaf adeuth o enev du6
. . . .[1] mae euegyl Ieuan. yntyftu ymae in
p^rincipio erat uerbum ady6at ‖ ieffu gyntaf. Sef y6
hynny yny dech2eu yd oed geir. Sef oed hynny
yny tat du6 yd oed mab. kanys geir du6 oed yvab.
achyt ar geir yd oed ytat ar mab. ar yfp2yt glan
ar teir p^{er}fon yny d2inda6t ac ynvn en6. nydiga6n
y2vn ohonunt vot y62th ygilid. Y2 amhera6dy2
ady6at yna. ovab tec ti avuoft yny nef. byfa6l nef
yfyd yholl gyuoetha6c du6.   seith nef ymaent.[2]
ac yny nef go2uchaf yfyd. ymae yd2inda6t o⁀nef

---

[1] Illegible.

[2] A word is erased after du6. and seith is written over nef; the
caret referring to seith is incorrectly inserted after nef. For
a similar use of ymaent for yssyd see p. 38, l. 23; p. 61, l. 15.

ytat ar mab ar yſp1yt glan yn teir p^{er}ſonn val
ydy6ep6yt vchot. ac ny diga6n neb lleyc na
yſcolheic dyall lle6enyd yſyd [1 29] yno. Y1 eil nef
yſp1yda6l y6 yſyd dan rad is no h6nn6. adiogel y6
yt. neb dyn na diga6n dy6edut lle6enyd yſyd yno.
hyt pann yſpeiler oe lle6enyd dydb1a6t. ar trydyd
nef ale6ycha val kriſtal yn lla6n ovelyſter lle6enyd
damunedic. oach6yſſon periglo1yon achconfeſſo1yeit
yn g6aſſanaethu du6 hollgyuoetha6c. Ypet6eryd
y6. eura6l nef yn lla6n ovein arderchogyon rin-
6eda6l. aphlas goſſodedic y6 ygkyſeir g6einon.
athlodyon. yny lle ymae goleuni heb ty6yll6ch
tragy6yda6l. Ypymhet nef y6. hirveith allydan o
dynyolyaeth d6y6a6l. aphei na bei ydiodeifeint ef
ae dynyolyaeth neur athoed ybyt ygkyfy1goll. Y-
h6echet nef y6. y1 egl6ys catholic yny ‖ maent bydin-
oed d6y6a6l yn kanv dedua6l 6aſſannaeth yn her6yd
eu hurdas ydu6. ac ynn lla6n oegylyon yn kanv
molyant ydu6 hyt dyd a nos. Yſeithuet nef y6.
med y1 yſto1ia꞉ y6 parad6ys. yno ybyd eneideu
rydarffo vd|dunt penydya6 yny purdan yn d1amgwyd
tragy6ydolder. llyma heb ymab v1th y1 amher-
a6d^r. yſeith nef ymaent yn eidya6 yn yach6ya6dy1 ni
ieſſu griſt. Y1 amhera6dy1 yna aovynna6d y1 mab
pyſa6l kreuyd oegylyonn yſyd. ymaent yny nef
oegluryon hep ymab na6 kreuyd. kyntaf y6 cheru-
bin. Sef y6 h6nn6 agel kanho1th6y. ar kreuyd
arall y6 ſeraphin. ar trydyd y6 trones. ar ped-
6eryd y6 dominat'ōes. Sef y6 hȳny argl6ydiaetheu.
ar pymhet ynt ty6yſſogaetheu. ar h6echet ynt

meddyannheu. ar feithuet ynt nerthoed. Sef y6
hynny rin6eda6l kreuyd. ar 6ythuet y6. egylyaeth.
ar na6uet y6. archagelyaeth. ar decuet y6 kreuyd
kna6da6l ac ohonunt kyfla6n vyd yplas. anef
yfyd gān yftlys hynny agolles lucifer amy gam
syber6yt. ac yno ybyd dynyolyaeth dy6y6a6l ynty-
6yffa6c kyfya6n ni. Yna ygouynna6d y₂amhera6dy₂
y₂ mab. pybeth a6naeth du6 ydyd kynntaf. kyntaf
ygo₂uc ef egylyon nef ‖ ar archegylyonn. ahynny
ao₂uc ef . . . . .¹ dy6 llun ygo₂uc ef y₂ 6yb₂ev.
ar lleuat. ar heul ar sy₂. yrodi goleuni ohonunt.
ady6 ma6₂th yg6naeth ieffu ymo₂oed. ar tired. ar
phynnhon[130]nev yardymerv ydayar yn galet ac
yn veddal. ar koet ar llyffev ar glaf6ellt ar g6eith-
₂edoed o₂ avynna6d. ady6 merchy₂ yg6naeth ef
ypyfga6t yny llynnoed ac ednot yn ehedec. ago₂ch-
ymynn vdunt mynet gogyll ybyt y ganho₂th6ya6
y|ymbo₂th ygna6da6l dynyon. Ady6 ieu ygo₂uc c^rift.
yfcrybyl ym mynyded ac ymro. arodi tir vdunt yg-
kyueir eu po₂thant. ac erchi vdunt troi dynyon
yda p₂effenna6l. ady6 g6ener ygo₂uc ef adaf ary
lun ehun. ac ydodes en6 arna6. ac yg6naeth yn6₂
medyanus. ac yrodes by6yt ida6 o₂ yfp₂yt glan.
ac oaffen yadaf yg6naeth Eua ac yrodes ef yn
gymar ida6. ac yg6naeth yn argl6yd ar holl para-
d6ys. ady6 fad6₂nn g6edy medylya6 pob peth
ybenndiga6d y6eith₂edoed tr6y e6yllys da yn vchel
ac yn ifel. ac erchi vdunt amlav pob vn yny van
ohonunt. ady6 ful rac 6yneb ygo₂ff6yffa6d ieffu.

¹ Words erased in the MS,

ac erchi yba6p ogna6da6l dynyon kymryt yny cof
o1ff6ys yny dyd h6nn6. ac ymoglyt rac pechodeu
mar6a6l. a g6affanaethu du6. ar egl6ys catholic₊ ||
Hynn adicha6n vot yn 6ir oll. am dy6edut p6y y6
yg61 ny anet ac auv var6. ymab ady6at ymae adaf
arodes du6 ida6 vy6yt ym parad6ys. ac ae g6naeth
oe la6 ehun. y1 amhera6dy1 yna aofuynna6d tr6y
le6enyd y1 mab. Ipotis a6yd|dat ef byfa6l amryfal
defnyd yg6naethp6yt dyn ohonynt. ymab ady6at
ymae seith defnyd. nyt amgen. P1id. ad6fy1.
amo1. o1 heul ar g6ynt. ar a6y1. ac o1 mein gy1 lla6
ymo1. aheuyt o1 yfp1yt glan. O1 p1id yg6naethp6yt
kna6t dyn. ac o1 d6fy1 y6aet. ac o1 heul ygallon
ae yfpeil. y6aredogr6yd ae gampev da. ac o1 a6y1
yfynn6y1. ac o1 g6ynt yanadyl. ac o1 mein yefgy1nn.
ac o1 yfp1yt glan ygo1ucp6yt yeneit. ar neb auo
rago1 ganta6 o1 dayar. amd16m dia6c gyftudedic vyd
her6yd anyan daera6l. ac amd16m yved6l ae 6eith-
1et. ar neb auo m6yhaf ydefnyd ynda6 o1 d6fy1
mo1a6l. auyd llafuryus trabludyus gygho1uynnus
ch6enychus am tir adayar agolut b1effenna6l. ahynny
avyd palledic ida6 v1th yreit ae di6ed. [131] oachos
vot yn kynnhebic golut dayara6l ylan6 ath1ei her6yd
an6adalr6yd. p6ybynnac auo ynda6 ydefnyd m6yhaf
o1 g6ynt. ef her6yd anyan auyd amyfka6n ago16yllt
yny || gallonn. ac yny ved6l ody6edut anofparthus
eireu heb dyall heb fynnh6yreu yndunt. ar neb auo
rago1 ynda6 odefnydyeu y1 a6y1 her6yd anyan doeth
vyd ag6ar ygeir ag6eith1et canmoledic. ar neb auo
rago1 ynda6 o1heul. aruthy1gryf ac amh6yllic vyd

ag6ieffa6c ymyfca6n ac efuriuet her6yd anyan. ar
h6nn auo ynda6 ragoi odefnyd ymaen. ef auyd
g6aftada6l yved6l. diogel yn trafael. ky6eir ygeir
ag6eithiet. ag6idlafli6 ygna6t. arneb ahanffo v6y-
haf ynda6 o defnyd ygann yi yfpiyt glan. ef auyd
kyfula6n ygallon oved|d6l da. ageir piud. ag6eith-
iet da kyfuya6nn. tla6t. a noeth. acharu du6
ag6neuthur amryuaelon benydyeu. Yi amhera6dyi
aovynnha6d yi mab pybeth oed moi. ymab ady6at
ymae ffoid 6ylltueith ycheidet. ti aelly vynet ynda6
kynngybellet ac na dellych vyth diacheuen yi tir.
Oth gyfuarchaf vap fynnh6yiya6l hep yi amher-
a6d^{yr}. py amfer yg6naeth adaf ykam ygyir6yt ef oe
achos oparad6ys. ymab ady6at ymae r6ng a6i anterth
ahanner dyd ycolles adaf yvalchter. ac ygyira6d
agel cannhoith6y ef achledeu a6chlym gloy6 tanllyt
ydiffeith6ch ynyal y6ledychu ef ae eppil || yn
tragy6yda6l ymy6n gofueilueint agofut engirya6l.
Tiuan uv yadaf hep yi amhera6d^{yr} bot yn gyffolet
ahynny. Pyfa6l pecha6t aoiuc adaf pann gymerth
ef kna6t yn ryeeni ni. Seith pecha6t gyt ae ragoieu
heb ymab. agogelent ba6p racdunt. Sef ynt yrei
hynny. Syber6yt. lleiddyat. kamgret. Glythi-
neb. kynghoiuynt. Ch6ant. llefged. adiogi.
allediat. Ygkam fyber6yt ypecha6d adaf pann
6naeth ef ye6yllys ehun. athoiri g6ahardon du6.
lleidyat dogyn oed ef pann lada6d eeneit ehvn. ac
adoeth o epil ohona6. ykythreul ae duc 6ynt yvff-
ernn. kamgret. agkredad6y oed yntev o achos ida6
6neuthur goichymynheu ykythreul achyfulen6i yholl

e6yllys. [132] Yglythni ypecha6t ynteu yn honne-
dic pann le6as ef y2 afal a6aharda6d du6 racda6 ac
rac y6₂eic. kynho₂uynn^{us} ch6enycha6l oed yntev
pann ch6enycha6d moe noc aod reit ida6 v₁tha6.
ac ef ymeddv ar holl parad6ys. lleidy₁ oed ynteu.
pan gymerth y₁ aual g6ahardedic a6ahard|da6d du6
ida6. adylyedus oed ida6 diodef aghev amy led₁at.
Dia6c vv yntev ny aalla6d arna6 gyfot odyno.
g6edy y₁ oe₂ 6eithret h6nn6 yny deuth du6 ehun.
agouyn yadaf ‖ beth a6ney di weithon. argl6yd heb
ef mi ath|agly6af yn dy6edut yn eglur. ac yd6yf ynn
annobeitha6 am dy6elet. yna ygouynna6d du6 yadaf
paham yg6naetho1t ti hynn oweith₁et g6ahardedic.
ac odyna v₁th Eua ydy6at. paham ygo₂ugo1t ti
yg6eith₁et h6nn. Adaf ady6at v₁th du6. Eua
y6₂eic arodei1ti ym gymar ym aerchis ymi 6neuthur
hynn. Eua ady6at yna yneidy₁ heb y₁ hi a6naeth
ym 6neuthur yg6eith₁et h6nn6. ac amhanoges ac
am t6ylla6d. yna ygofuynna6d du6 y₁ neidy₁ paham
b₁yf vffernna6l yperei1ti vdunt pechev val hynn.
yneidy₁ kyth₁eura6l ady6at. kennvygenn oed gennyf
veddv ohonunt arle6enyd parad6ys y₁ h6nn agolleis
i amy kam fyber6yt. yna ydy6at du6 v₁th adaf.
oachos dy gam weith₁et. ti alafuuryy dy ymbo₁th
tr6y ch6ys allauur ag6₁es ac oeruel. ac odyna ydy-
6at v₁th Eua. am dygam annoc arypecha6t. tithev
avydyy dan o₂uthy₁ gwr. achy1tegeu gofualus. ac
adygy ffr6yth tr6y ronan ach6ynnvan ti ath eppil o₁
dyd hedi6 allann. ag6edy hynny ydy6at du6 holl
gyfuoetha6c v₁th Satan. ti b₁yf ynrith kythreul

yd6yt yn g6neuthur pıouedigaeth ar dynyon. ac
amhynny tiaymlufgy ar dyvoly ohynn allann.
apha6p oı a‖ath6elo avyd ofynna6c ragot. hyt pann
delyych yberued ydayar. ac yna ydy6at du6.
moı6yn ad6yn aenir arvıys adiftry6 dyholl vedd-
yant di. Ynymod h6nn yg6ledycha6d adaf deudec
mlyned arhugeint ana6cant. Pann vv var6 yvff-
eınn yd aeth ae holl eppil gyt ac ef. ac ef afu eneit
adaf yn vffernn ac eneideu ereill [133] pedeir mil
ovl6ynyded. ach6echant aphedeir blyned. afeith
a6ı. ac yna hollgyfuoetha6c vıenhin nef anuones
radev yıyfpıyt glan. ac adifgynna6d ymbıv yı
argl6ys veir voı6yn hep acha6s nac g6eithıet kyt-
kna6t. Deudec mlyned arhugeint ahanner bl6ydyn
ybu ieffu yn kerdet yny byt h6nn. adeugein
ni6arna6t yympıydya6d ef tros bopyl ybyt. ag6edy
hynny ydalla6d yı Ide6onn Ieffu c^nft. ac ydodet
arygroc ac ypıyna6d yntev ni yı creu ygallon.
ag6edy hynny ef ayfgynna6d yvffernn yoft6ng
medyant yıholl gythıeuleit. ac ellygha6d adaf ac
eua oı r6ymedigyon boenev ydoedynt yndunt.
alla6er oeneideu heuyt. nyt amgen. dauid bıoff6yt.
amoyfen ac abıaha benn ffyd. ar fa6l aoed oll dan
geithi6et heuyt ef ae kynn6yffa6d ymparad6ys lle
ymae lle6enyd tragy6yda6l heb oıffen arna6. ag6edy
kych6ynnv ieffu oveir6 yn vy6. yd yfgynna6d ar
nefoed. ac ‖ ymae yn eifted ardehev du6 tat
hollgyfuoetha6c yndu6 g6ir ac yn6ir dyn. ac odyno
ymae yn barnv. ac yda6 dydbıa6t yvarnnv arba6p
her6yd y6eithıet pıia6t. ac yna fol vyd yneb nyt

ofuynnhao. ac nybo bɪethychus erbyn ydyd hϭnnϭ.
ycriſtonogyon buchedaϭl aant yɪ lleϭenyd. ar rei
ereill dɪϭc eu ffyd aant yɪpoenev. Hebyɪamheraϭd^{yr}
llyma dillygdaϭt tec. Oia vab ſynnhϭyryaϭl heb ef
py bϭnc ytϭyll ykythreul dyn bydaϭl. ac yharϭed
yɪ eneideu yvffernn. ymab adyϭat ymae ſeith
pechaϭt alluoſſaϭc ynt ymplith yknaϭdaϭl dynyon.
kynntaf yϭ ohonunt medϭl dɪϭc ygkallonn dyn.
ar eil yϭ llad kalaned yn ϭiryon. ahynny adϭc
dyn ymyϭn honnedigaeth dɪϭc keϭilydyus. ac
onychyffeſſa hynny yngϭbyl. ef aa yeneit yɪ
budɪedyon boeneu. Kam ſyberϭyt yϭ arall.
Glythineb. Godineb yϭ vnorei gϭaethaf. kyghoɪ-
uynt yϭpechaϭt chϭenychaϭl adɪϭc yϭ. ac atynnant
yɪ eneidev yvffernaϭl boenev. yn yſtoɪia paϭl
eboſtol ymae yndyϭedut keluydyt vɪth boenev
vffernn. kyghoɪuynt yſſyd blas idaϭ ehun gϭahan-
edic. val ffynyaϭn obɪes yn llaϭn o grochanev
yerni ac yedi yn lloſki yn amlϭc. aphann gyffroo
[1 34]ybyd godϭɪd maϭɪ val tryſtev ynyɪ aϭyɪ. ac yn
gyfulaϭnet oeneideu ac ‖ ygallont vot.   athan
gϭyllt ynlloſci agyfuarcho ac ef. kynnhebic yϭ
chϭant bydaϭl yolϭyn benn. Gϭr yny ieuegtit yn
ennill campev achlot. ac yn ymrodi oll ygyghoɪ-
uynt achϭant kennvigēn. aheuyt am hanner yoes
na pheidei yna. namyn ythɪeulaϭ velle hyt ydiϭed.
yndiheu onypheit. ef aa yeneit yɪ poenev. Oachaϭs
kyghoɪuynt hϭenychaϭl nyt oes ben[1] benn idaϭ

___
[1] This was written *boen*; the *o* was then underdotted and crossed
out; then the scribe wrote *benn* after it, but omitted to delete *ben*.

m6ynoc yol6yn. kam fyber6yt yfyd aruthy1d16c.
balch sy6 ac agollaffant y1 egylyon teckaf aoedynt
yny nef ac egluraf. ac ad6ynnaf oachos ykam
syber6yt lle6enyd nef. ae diheinya6 yn gyth1eulic
gofut|d1on ynvffernn. ac ett6a ymaent rei ohonunt
ymplith ydynyon byda6l ynytroi yar yhyfp1ydolyon
vedylyev yymr6yma6 ymy6n pechodeu mar6a6l.
ac oachos hynny kyffeffa di gam syber6yt. Pannvo
dyanufty1 go1ff yny dayar yngudyedic. ar p1yfuet
yn b6ytta dy yftlyffeu. ath kna6t aryuuaffei
ryvygus. atheneit yn r6ymedic ovudyus. ac yna
ygelly ti vot yn ofualus ovot eiroet kamryuyc
ythgallonn. kanys ffieid|daf pecha6t ygkyureith
du6 y6 kam syber6yt. Godineb y61 g6aethaf vch
ydayar o1 pechodev ac amrypheida.[1] Ef adebic
hokrell61 godinebus naanet ar eilvn dyn. neb
kyndygrifet achygampus||fet. ac ef. ar kyffredin
wraged godinebus adygant lia6s odynyon yvffern-
na6l boenev. Yny1 yfgrythur lan ymae yn dy6edut.
ymae r6yt gyth1eulic y6 godineb. Glythineb yfyd
rygyffredin ymplith ypobloed yfy6aeth. pann v6ynt
ved6 ykeiff ykyth1eul vedyant ar la6er ohonūt.
Pann tyghont y6aet du6 ae archollev yn ofer. ac
ydiodeiueint. ac am hynny y kaffant 6ynt emell-
tith du6. ac ony chyffeffant yglythineb ao1ugant
ygkatko1eu. achynn offerennev ygg6yleu arbennic.
6ynt agaffant s6ydev yn vffernn. Amdy6edyd heb

---

[1] The *ry* was written above the line, and seems to be a misreading
by the scribe of a contraction denoting *er*; read *am(h)erpheida(f)*,
superlative of *amherffeith*.

amhera6dʸʳ. py beth ar6yftra ydyn 6neuthur penyt
abot vnolyaeth yryda6 an yach6ya6dyı ni. ymab
ady6at yna ymae pet6ar p6nc. nyt amgen. llefged.
annobeith. ke6ilyd. [135]ped6eryd y6 nachrettei bot
du6 holl gyuoetha6c moı trugara6c ac ymae. kannys
oı kyffeffa dyn yn ll6yıg6byl ybechodeu. ny dieil
du6 y6eithıedoed kyffuledic arna6. yı amhera6dʸʳ
aovynna6d yı mab. pybeth v6yhaf ad6c dyn y
le6enyd nef. ymab ady6at ymae geir da ky6ir
pıud. amed6l kyfya6n. ag6eithıet da adnabydus.
Nyoıucp6yt eiroet g6eithıet da. ny bei ved6l
da arydechıeu. ac nyoıucp6yt eiroet 6eithıet
dı6c. ny bei ved6l dı6c arydechıeu. ‖ P6ybynnac
auo ganta6 ieith eglurda. ae alon ynmynnv
dial arna6. ef adiga6n osynn6yı ieith dec. oe
elyn g6neuthur ygetymdeith. velle ovn g6eith-
ıet gobı6ya6l ydicha6n dyn ennill trugared nef.
am dy6edyd vab heb yı amhera6dʸʳ. py sa6l
aghev ada6 ydyn. ymab ady6at ymae tʳⁱ aghev.
kyntaf ohonunt y6aghev byda6l kna6da6l. a6ahanaa
yco0ff ar eneit. yn gadarnn. ac yn ffyıyf. Yı eil
y6. aghev ky6ilydyus. Sef y6 hynny. dyn auo
mar6 ymy6n dylyet gofuudyus nev honedigaeth
dı6c oganus. Ytrydyd agheu y6. aghev adel
yıneb ny chaffo gyfurann o6eithredoed ieffu gʳⁱft
kynn g6ahanv yco0ff areneit. o0byt yma. heuyt
ygovynna6d yı amhera6dʸʳ yımab. py sa6l pecha6t
heb y kyffeffu tu ac ar du6 ad6c dyn heb gaffel
madeueint nefa6l. ymab ady6at ymae deu becha6t.
vn ohonunt y6 kam|gret. nachretto dyn yn ffydla6n

difkyn ieffu g^rift ymrv y2 argl6ydes veir hep
gytkna6t ac vn g62. ae eni yn dyn abot meir yn
vo26yn kynn efco2. ag6edy efco2. achredu ida6
diodef ymp2enn croc y2p2ynv plant adaf oboenev
vffernn. ae gych6ynnv oveir6 ynvy6 ytrydydyd.
ag6edy hynny yfgynnv arnefoed. ae vot yneifted
ar deheu du6 dat hollgyfuoetha6c. ac ar nychretto
yhynny: || colledic vyd oe eneit. annobeith y6
pecha6t arall yneb rydarffo ida6 pechu yn erbyn
du6. oannoc kyth2eul ny thebic ida6 byth caffel
madeueint ac nys ceiff. onny pheit o2 annobeith
h6nn6. aeeneit aa ygkyfuy2goll. Oth gyfuarchaf
vab tec heb y2 amhera6d^yr. py beth awifc dyn
yymgad6 rac medyant kyth2eul. kyt6ybot da
[136] amedylya6 am diodeifueint yr argl6y ieffu g^rift.
amedylya6 py6ed ygoftyga6d ieffu ar tal ylin
arvynyd oliuet. ac ef adeuth yna ida6 ch6ys
g6aetlyt rac ouynn aghev. aphann yttoed yn
r6ym v2th ypiler ef avaedd6yt ac yfgy2ffeu gann
y2 ide6on yny yttoed yg6aet yn ph2ydyeu ohona6.
ac ef aduc ygroes arygefuyn hyt ymynyd caluaria.
yny2 honn ydiodefua6d aghev arney. Y2 am-
hera6d^yr ady6at yna. hynn oll agredaf. eithy2 dy6et
ym pybenyt ale6enhaa du6 ygann dyn. ymab
ady6at yna. p6ybynnac a6nel penyt kyureitha6l
goffodedic atto perigla62 arna6 tr6y e6yllus da-
munedic. ef ageiff trugared nef. Eil p6nc y6.
merthy2olyaeth nyt amgen. haelder yn tlodi.
ymgynnhal heb gyuoeth. acha2u ygyt grifta6n.
ach6ynnya6 ydlodi ae ofueileint ygyt ac ef. onny

digaỽn amgen nerth idaỽ. adiolỽch yduỽ holl
gyfuoethaỽc ydlodi ehun ahynny yn diſtaỽ. allyna
ranc ‖ bod yduỽ. Ytrydyd pỽnc yỽ. dyn ahanffo
ovɪeint aboned ac auo goludaỽc. ymadaỽ ohonaỽ
oennill bydaỽl. adigrifuỽch knaỽdaỽl. hỽnnỽ
ageiff yymoſmeithaỽ yny nef. Dyỽet ym vab heb
yɪ amheraỽdʸʳ os gỽybydy. pyham ymae yaỽnach
vnpɪydyaỽ duỽ gỽener. no diỽarnnaỽt arall oɪỽyth-
nos. ymab adyỽat. ymae tⁿ achos ardec. kyntaf yỽ
ohonunt. Dyỽ gỽener y gỽⁿaeth duỽ adaf ynyɪ
ynys aelỽit ebɪon. ac ae llunyaỽd arydelỽ ehun.
Yɪ eil yỽ꞉ duỽ gỽener ygyɪrỽyt adaf ac eua oba-
radỽys yỽaelaỽt vffernn. Ytrydyd yỽ. duỽ gỽener
y lladaỽd kayn abel yvɪaỽt. ymerthyɪ kynntaf
a verthyɪỽyt yɪ karyat duỽ. ac am hynny ykauas
kayn emelldith duỽ. Ypedỽeryd yỽ. dyỽ gỽener
ydeuth gabʳiel angel yngynnat at veir pann
diſgynnaỽd bɪenhin nef yny bɪu. achymryt knaỽt
heb gyt gỽɪ. (Yhỽechet yỽ) ¹ Ypymhet yỽ. duỽ
gỽener ybed|dydyỽyt ieſſu gʳiſt. (yse)hỽechet yỽ. dyỽ
gỽener ymerthyɪỽyt yſtyphan verthyɪ ogyghoɪ
erodyɪ creulaỽn. Yseithuet yỽ. dyỽ gỽener ylladỽyt
penn Ieuan vedydỽɪ. Ywythuet yỽ. dyỽ gỽener
ydiodefuaỽd ieſſu ympɪenn croc yɪ rydhav pobyl
ybyt oboenev vffernn. Naỽuet yỽ. dyỽgỽener
ydiodefuaỽd meir anghev [137] ac ydaeth yhyſpɪyt
at yhvn mab ylaỽenyd nef. Decuet yỽ. dyỽ gỽenᵉʳ. ‖
ydiodefuaỽd onndɪas arygroc. ac ydyỽat. ar-

---

¹ An attempt has been made, probably by the scribe, to erase the
words in brackets; but they are still legible.

gl6yd heb ef llyma adiodefuafi yı karyat aınat
ti. Vnuet ardec y6. dy6 gwener ykauas Elen
luydya6c ygroc rydaroed yı eide6onn ychudya6 yny
dayar achos ydiodefuei c^{ri}ft arnei. ac arhonno
ydiodefua6d yntev g6edy yd6ynn yvynyd caluarie
tr6y enryded molyanus. Deudecuet y6. Dy6
g6ener. ymerthyıy6yt peder apha6l eboftol. Tıy-
dedardec y6. Dy6 g6ener yryd du6 varnnedigaeth
oe dıaet ae d6yla6 ae yftlyffeu yn waetlyt. ac
amhynny kymeret pa6b dy6 g6ener yny gof y6neu-
thur molyant ydu6 ynda6 tr6y vnpıydyeu a g6edieu.
Dy6 fad6ınn da y6 vnprydya6 yı my6n yı argl6ydes
veir annertha6d ydynnv yı eneidev oı poenev.
ahi ael6ir yn ffynna6n ydıugared. yolchi ac ypıud-
hav pa6b oıa al6ho arney. ar wed6ıeic g6ironed
ygel6ir. ohonei ydeuth ieffu g^{ri}ft iach6a6dı ybyt.
benndigedic vo ypobloed a6affanaetho yvoı6yn
honno tr6y e6yllys ad6ynedic. Yna ydy6at yı
amhera6dyı adıian vıth ymab. ṃi ath tyghedaf ti
vab Ipotis kynn ymada6 ami. ynen6 ytat ar mab
aryfpıyt glan. ieffu g^{ri}ft yıh6nn adiodefua6d yn
anghev yı yn kyuodedigaeth ni. pybeth 6yt ti ae
yfpıyt da. ae vn dı6c || ymab aatteba6d yna ida6
val hynn. ṃi y6ı g6ı ath oıuc ti ac athpıynna6d
ynpıit. ac yna ydyfgynna6d yoıuchelder yneb
oılle ypanndathoed. Yı amhera6d^r yna aoftynga6d
ar tal ylin adiol6ch aoıuc ydu6 hollgyuoetha6c
yıhynt honno. Ag6edy hynny ymhoelut aoıuc ar
weithıedoed gobı6ya6l. ac aluffennev gann 6neu-
thur gogonnyant ac ard|dunyant yı ma6ıed ac

enryded yduꝺ oꝛnef. Ac yny mod hꝺnnꝺ yter-
uynnha ymdidan idꝛian amheraꝺdyꝛ ac Ipotis vab
yſpꝛydaꝺl duꝺ. ameNↄ [138]

CREDO SEINT ATHANASIUS

Val hynn ydigaꝺnn ytat. ar mab. ar yſpꝛyt
glan vot yn vn duꝺ. nyt amgen noc yn ꝺir di-
pedꝛus.

PWybynnac avynnho iachau y eneit ae goꝛff.
Reit yꝺ idaꝺ ef yngytaf peth kynnal ffyd
gyffredin eglꝺꝺys ieſſu gⁿſt kanys pꝺybynnac nys
k|kynnhalyohi yngyfyaꝺn ac yndiuei. diogel yꝺ
idaꝺ ykyll yeneit ae goꝛff yndꝛagyꝺydaꝺl. Fyd
gyffredin eglꝺys gⁿſt yꝺ. Credu ohonom ni yn vn
duꝺ ynytⁿin|daꝺt. ar trindaꝺt yn vn duꝺ ae hann-
rydedv ynvfyd ac yn garedic. Sef yꝺ hynny. credu
yꝛvn duꝺ yn teir perſon. ar teir perſon yn vn duꝺ. ac
eiſſoes ny dylyꝺn yꝛ|yꝛhynny credu bot ytat. ar
mab. aryſpꝛyt glan. ynvn perſon diꝺahan val
ymaent yn vn duꝺ. nachꝛedu eu bot yn tri duꝺ. val
ymaent ynteir perſonnↄ || ac vꝛth hynny amgen yꝺ
perſonn ytat. apherſon ymab. ac amgen yꝺ perſon
pob vnohonunt. apherſon yꝛ yſpꝛyt glan. ac
eiſſoes vn yꝺ dꝺyꝺolyaeth ytat ar mab aryſpꝛyt
glan. agogymeint eu gogonnyant agogyfuoet yꝺ.
kannys vn yꝺ gogonnyant tragyꝺydolyaeth yteir

p^{er}ſon. ac v1th hynny vn y6 ytat ar mab ar
yſp1yt glan. kannys digreedic y6 ytat. adigredic
y6 ymab. adigreedic y6 y1 yſp1yt glan. Sef y6
hynny ny|cre6yt y1vn ohonunt. adiueſſur y6 ytat.
adiveſſur y6 ymab. adiueſſur y6 y1yſp1yt glan.
ath1agy6yd y6 ytat. ath1agy6yda6l y6 ymab.
ath1agy6yda6l y6 y1 yſp1yt glan. ac eiſſoes nyt
ynt tri tragy6yda6l. namyn vn tragy6yda6l. Sef
y6 yhynny vn di6ahan y6 tragy6ydolyaeth yt^{ri}.
kanny bont vn berſon. ac velle nyt ynt tri
digreedic. nathri diueſſur. ytat ar mab. ar yſp1yt
glan. namyn vn digreedic. ac vn diueſſur. aholl |
gyfuoetha6c y61 tat. ahollgyfuoetha6c y61mab
aholl gyfuoetha6c y61 yſp1yt glan. ac nyt ynt t^{ri}
hollgyfuoetha6c. namyn vn hollgyfuoetha6c. Sef
y6 [139] hynny vn y6 holl allu yt^{ri}. ac velle du6
y61 tat. adu6 y61 mab. adu6 y61 yſp1yt glan.
ac eiſſoes nyt ynt t^{ri} du6. namyn vn du6. ac
argl6yd y61 tat. ac argl6yd y61 mab. ac argl6yd
y61 yſp1yt || glan. ac eiſſoes nyt ynt t^{ri} argl6yd.
namyn vn argl6yd. Sef y6 hynny vn y6 eu har-
gl6ydiaeth h6y. ac v1th hynny megys yn kymellir
ni o griſtonoga6l 6ironed ygyffeſſu ac yadef arneilltu
vot ytat yn du6 ac yn argl6yd. ar mab yn vn
du6 ac yn argl6yd ar yſp1yt glan yn vn du6 ac
yn argl6yd. velle yg6eherdir yni tr6y greuyd
kyffredin griſtonogaeth dy6edut vot yt^{ri} du6 neu t^{ri}
argl6yd. Ytat bellach odefnyd nev oallu neb ny
wnaethp6yt. ac ny ch1e6yt. ac ny aanet. Ymab
hagen aanet o1 tat ehunan. ac ny wnaethp6yt.

ac nychꝛeƀyt. yꝛ yſpꝛyt glan adeuth ac adeilaƀd oꝛ
tat ar mab. ac eiſſoes nywnnaethpƀyt ef. ac
nychꝛeƀyt. ac ny aanet. ac vꝛth hynny yny
dꝛindaƀt honn. nyt oes dim gynt noe gilyd. ac
nyt oes voe na llei noe gilyd. namyn yꝛ holl teir
pᵉʳſon gogyfuoet ynt agogymeint. ac vꝛthhynny
megys ydyƀetpƀyt vchot arydechꝛev. yꝛ vn duƀ
yny dꝛindaƀt. ar dꝛindaƀt ynyꝛvn duƀ. adylyir
yenhrydedv. Ac vꝛth hynny pƀybynnac avynnho
yachav yeneit ae goꝛff yntragyƀydaƀl. Reit yƀ
idaƀ kredu val hynn yny dꝛindaƀt. ˍ

¹chyt ahynny aghenreit yƀ ybop dyn. omyn
A kaffel yechyt. agƀaret tragyƀydaƀl oe eneit.
kredv kymryt oieſſu gᵣⁱſt an harglƀyd ni. knaƀt ac
eneit dyn ymrv yꝛarglƀydes veir yƀir vam ef. ||
Ahitheu val kynt yn voꝛƀyn pob amſer. Ac vꝛth
hynny yn hyaƀngret ni yƀ kredu yn callonnev. ac
adef ar yn tauodev bot ieſſu gᵣⁱſt yn duƀ ac yn dyn
ac yn vab duƀ. ac aanet o rym ac anyan ytat kynn
yꝛ holl oeſſoed heb dechꝛeu arnaƀ. ae aeni yn dyn
oanyan yvam. ynyꝛ holl oeſſoed yn duƀ pᵉʳffeith.
ac yn dyn pᵉʳfeith. oeneit ſynnhƀyꝛaƀl dylyedus.
achnaƀt dynyaƀl idaƀ yn pᵉʳſon seuedlaƀc gogy-
fuoeint ae dat obleit dƀyolyaeth. allei noe tat
obleit dynyolyaeth. Achynn [140] bo gƀir duƀ ef
agƀir dyn. eiſſoes nyt dev ef. namyn vn duƀ. ieſſu
gᵣⁱſt. nyt yꝛmynet dev troi ydƀyolyaeth ygknaƀt.

---

¹ The rubricator has neglected to draw his initial; the space
provided for it has only the small A written by the scribe for the
rubricator's guidance.

namyn oachos kymryt ovab duꝺ attaꝺ ef ydynyo-
laeth yn vn pᵉʳſon ac ef. megys pei plennyt keing
oryꝺ bʒenn ymyꝺn pʒenn arall. Ac vʒth hynny vn
ieſſu gʳⁱſt yſyd ꝺir duꝺ agꝺir dyn. nyt yʒ kymyſcu
ydev anyan yn vn anyan. namyn oachos bot
ydꝺyolaeth aedynyolaeth yn vn pᵉʳſon. kannys
megys ybyd vndyn oeneit dylyedus achnaꝺt. velle
oduꝺ adyn ymae vn ieſſu gʳⁱſt yrhꝺnn adiodefuaꝺd
aghev yʒ yn gꝺaret ni. ac odyno anreithaꝺ vffernn.
ae gyuodi oveirꝺ yn vyꝺ yny trydydyd. ae
yſgynnv ar nefoed. ac yn eiſted ar dehev duꝺ
dat hollgyfuoethaꝺc. ac odyno ydaꝺ yvarnnv ar
vyꝺ ac ar veirꝺ. ac yna ykyuodant yʒholl boploed
meirꝺ yn vyꝺ yny coʒffoed yʒ varnn. Ac yna
y‖byd ʒeit ybaꝺp talu dylyet oe weithʒet pʳⁱaꝺt.
Arei aoʒdiꝺeder aryda aant yuuched tragyꝺydaꝺl.
Arei ereill arydʒꝺc aodiꝺeder ac arycam aant yʒ
tan tragyꝺydaꝺl. Ahynny agredir ynꝺir. [141]

PY DELW Y DYLY DYN CREDV
Y DUW

Ynyᴍod hꝺnn ydyſgir ydyn py delꝺ ydyly credv
 yduꝺ. Acharu duꝺ. Achadꝺ ydegeir dedyf.
ac ym‖moglyt rac yſeith pechaꝺt marꝺaꝺl. Ac
erbynnyeit Seith rinꝺed yʒ eglꝺys yn enrydedᵘˢ.
Agꝺnneuthur ſeith weithʒet ydʒugared yʒ gobʒꝺyaꝺ
nef idaꝺ yntev.

PAȮl eboſtol adyȮeit na ellir ragkbod yduȮ heb
ffyd. ạc vᵢth hynny. llyma val ymae ạc
ydyly dyn credu. Credubot ytat ạr mab aryſpᵢyt
glan yn vnduȮ teir pᵉʳſonn. Credu yᵢ vn duȮ
hȮnnȮ. krev affurueid|daȮ nef adayar ac yſyd
yndunt ynhollaȮl ogreaduryeit aȮelir ac arnyȮelir.
Ac ef yſyd yn cadȮ ạc ynn amdiffynn. ạc yn
tyȮyſſaȮ. Credv dyuot vn mab duȮ hollgyuoethaȮc
ymrv yᵢ aglȮydes veir ạe eni yndyn. ạbot meir
yn vorȮyn kynn eſcoᵢ agȮedy. Credv yᵢ ieſſu
gⁿſt hȮnnȮ aanet oveir wyᵢy. dyodef ohonaȮ ydodi
ar pᵢenn croc yᵢrydhav plant adaf ogeithiȮet
vffernn. ạe varȮ ạe gladv ạdiſgynn yeneit yan-
reithaȮ vffernn. oᵢ etholedygyon aoeddynt yndi.
Ytrydydyd ykyuodes oveirȮ yn vyȮ. ạr deugein-
vettyd gȮedy hynny ydyſgynnaȮd ar nefoed. ‖ Ac
decuettyd gȮedy hynny yd anuones yᵢ yſpʸt glan
ar y ebeſtyl ạe diſgyblonn aoedynt ygyt ygkaeru-
ſſalem. Credu yᵢ ieſſu gⁿſt hȮnnȮ rodi medyant
agallv yᵢ ebeſtyl. athᵢȮydunt Ȯyntev yvᵢdolyonn
pᵢeladyeit yᵢ eglȮys ygaethav. ac yrydhav eneidev
ypobloed obop ryȮ pechaȮt ar avei arnunt. ạhynny
trȮy rinȮedev yᵢ eglȮys. Credu dyuot paȮb yny
gnaȮt. ạe dyuot rac bᵢonn cⁿſt dydbᵢaȮt. ạc yna
barnnv ar baȮp herȮyd yweithᵢet pᵢiaȮt. Arodi nef
yn tragyȮydaȮl yᵢ saȮl aehaedo. ạc ae gobᵢȮyho.
ạphoennev vffernn yᵢsaȮl ae haedho. [142]
GWedy cretto dyn ynffydlaȮn yduȮ trȮy
ypynckev hynn. haȮd vyd gantaȮ garu duȮ.
Allyma val ydyly ef ygaru. Dyn adyly carv duȮ

yn voe noe eneit ehun ae goꝛff. ac yn voe no dyn oꝛ byt oll. ac yn voe no da p^{re}ſſennaỽl ybyt oll. megys ybei ỽell gann dyn colli da pꝛeſſennaỽl ybyt oll. acholli kedymeithas dynyon ybyt oll. adiodef pob ryỽ argyỽed. athꝛemyc oꝛ aellit ywneuthur ar ygoꝛff. Adiodef pob ryỽ aghev gỽaradỽydus nogỽneuthur pechaỽt marỽaỽl. nev godi duỽ oevod. nev danỽybot idaỽ. Guedy duỽ. dyn adyly caru yeneit ehun yn voe no dim. aguedy yeneit ehun || eneit ygymodaỽc. aguedy hynny ygoꝛff ehun. Aguedy ygoꝛff ehun. koꝛff ygymodaỽc. Sef ydyly dyn puchaỽ yeneit achoꝛff ygymodaỽc. caffel kyffelyb da ac a rybuchei ygaffel oe eneit ehun ae goꝛff. Ac yꝛ keiſſaỽ gann dyn carv duỽ yn voe no dim. ae gymodaỽc megys ehun ygỽnaethpỽyt yꝛ yſgrythur lan.

GWedy cretto dyn yn ffydlaỽn. acharv duỽ yn voe no dim. ac yny mod ydylyho ygaru. haỽd gantaỽ ỽnneuthur goꝛchymynnev duỽ. Sef yỽ hynny erbynnyaỽ ydegheir dedyf. ae cadỽ ynn ffydlaỽnn. Achynntaf oꝛ dedyf degeir yỽ. Na vit ytt geu dỽyeu. yny geir hỽnnỽ yd eirch duỽ. nawneler rinyev. nac arſanghev. nachyfuarỽydonn. nasỽynev. gỽahardedic gann yꝛ eglỽys catholic ygỽneuth^{ur}. Eil geir dedyf yỽ. nachymer enỽ duỽ yn oꝛỽac. ynygeir hỽnnỽ ygỽahard duỽ pob ryỽ annvdon. ac ouerlỽ. Tꝛydyd. G. D. yỽ. doet yth gof gyſſegrv dyỽ sul. yny geir hỽnnỽ yd eirch duỽ ydyn nawnel ef ỽeith nae annyveil. nae was. nae voꝛỽynn. na pechaỽt marỽaỽl yndyd sul. nev dyd

g6yl a6ahardho y1 egl6ys. kanys yny dydyeu
arbennyc hynny ydylyir guedia6. agoloch6yda6.
ag6neuth^{ur} g6eith1edoed yd1ugared. Ped6eryd.
G. D. henryda dyvam. athat. yny geir h6nn6 yd
eirch du6 ydyn 6neuthur di6all waffannaeth tr6y
vfyllta6t. ac ‖ ennryded yvam ae dat. Achyffylyb
waffannaeth adyly dyn [143] ywnneuthur ah6nn6.
oe b1elat ae perigla61. ac ydat kna6da6l nev
yvam. Pymhet G. D. y6. na lad gelein. ynygeir
h6nn6 yd eirch du6 ydyn na ladho ae la6 nac oe
arch nac oe gyngho1 nac oe annoc nac oe yftry6
nac ogytffynnya6. narodi ehofynnd1a yamdyffynn
lleidyat. Ac yny geirh6nn6 heuyt yd eirch du6
ydyn na wnel argy6ed ar go1ff dyn oe dara6 nev
oedolurya6 nev ygarcharv. Ac yny geir h6nn6
ydeirch du6 ydyn na dycco ymbo1th na da dynyon
tlodyonn. Sef y6hynny tr6y d6yll nev tr6y gam6ed.
ac na atter dynyon tlodyonn yvar6 one6yn ac
eiffev. ac nachatt6o dyn lit odigaffed ganta6 v1th
ygymoda6c. Whechet. G. D. y6. na wna odineb.
du6 aeirch yny geir h6nn6 na bo kytkna6t r6g g61
ag61eic odieithy1 p^{ri}odas. kannys kyntaf kreuyd
ao1uc mab du6 vv p^{ri}odas. achynnt uu ykreuyd
h6nn6 noc offeiryat. Seithuet. G. D. nad6c kam
tyftolyaeth. du6 aeirch. yny geir h6nn6 na cha-
darnnhao dyn kel6yd tr6y t6ng. tr6y ycolletto
ygymoda6c oe da p1effenna6l nev oe glot. Wythuet.
G. D. y6. na wna led1at. yny geir h6nn6 ydeirch
du6 ydyn nadycco da ygymoda6c oeanuod. nac
ytreis nahep 6ybot ida6 nac oe gymell nac o t6yll

nac o ockyꝛ. ‖ Naƀuet. G. D. yƀ. na hƀennycha na
thir. nathy dygymodaƀc. Sef yƀ hynny trƀ dƀyll
nev gamƀed. Decuet G. D. yƀ. na hƀennycha
ƀꝛeic dygymodaƀc. nae ƀas nae voꝛƀynn nae
annyveil. Sef yƀ hynny· na hƀennycha da
kychƀynnaƀl dy gymodaƀc trƀy dƀyll. nev dꝛƀy
gamƀed. ᴗ ᴗ ᴗ ᴗ

Gᴡ Wedy kattƀo dyn ydegeir dedyf. Reit yƀ
idaƀ ymgadƀ rac gƀnneuthur nev gytffyn-
nyaƀ yn vn oꝛ seith pechaƀt marƀaƀl. Achynntaf
pechaƀt ohonunt yƀ. Syberƀyt. ymryvygu odyn
ynygevdaƀt. acheiffaƀ ymdyꝛchauel yn vch noc
ydylyho. nev ymgyfuartalu ac vch noc ef. nev
tremygu ygyftaldyn. nev avei is noc ef. Acheingev
yꝛ pechaƀt hƀnnƀ ynt. annvfylltaƀd. Gƀarthav dyn.
nev ytremygv. Gƀnneuthur hoffed ogreuyd. nev
opechaƀt. bot ynryuygus yꝛ golut bydaƀl. neu yꝛ
boned nev [144] gampev da. ar kyffelyb weith-
ꝛedoed. Eil pechaƀl marƀaƀl yƀ. kennvigen. Sef
yƀhynny bot yndꝛƀc gann dyn gƀelet ygymodaƀc
yn kynyddv ar da bydaƀl nev gampev da. nev
greuyd. neu vot ynllaƀen gantaƀ gƀelet gofuut.
nev dꝛƀc yn damƀeinaƀ idaƀ. Tꝛydyd. pechaƀt
ᴍarƀaƀl yƀ. digaffed. Sef yƀ hynny. kadƀ odyn lit
agƀennƀyndꝛa yn erbynn ygymodaƀc oachos collet
nev gam aƀnelit idaƀ. acheiffaƀ ymdial ac ef ar
dꝛƀc trƀy eir nev ƀneithꝛet ‖ Petƀeryd pech'. ᴍ. yƀ.
llefged adiogi. acheigheu yꝛ pechaƀt hƀnnƀ ynt.
yfcaeluffaƀ gƀaffannaethv duƀ ynyr amfer ydylyho
dyn yƀneuthur nev y gyꝛchv. Toꝛri godunet.

peida6 aphenyt adottei yp^{er}igla6ı arnna6. anno-
beitha6 am dıugared du6. triſtav yı colli da byda6l
neu dynyon ar kyffelyb weithıedoed. Pymhet. P.
м. y6. aga6ıder. achebydyaeth. Sef y6 hynny.
whennychv odyn nev geiſſa6 da byda6l moe no
diga6n. Sef y6 diga6n dyn yv6yt aedia6t aedillat.
med selyf doeth. Neu g6edy caffei dyn da byda6l
ygaru yn oımod. nev vot ynlla6 gayat ymdana6.
acheingev yı pecha6t hynny ynt treis. alledıat.
ac ockyı. aphob t6yll gyfne6it oıa6nel dyn ac
arall. Ch6echet. P. м. y6 glythineb. Sef y6
hynny kymryt odyn o achos digriu6ch kna6da6l
b6yt nev lyn moe no diga6nn. acheingev yı
pecha6t h6nn6 ynt. keiſſa6 odyn tra deſtluſſr6yd.
nev tra chy6eirdeb. arv6yt neu lyn ygymryt goımod
ohonunt tr6y ybei oıthı6m arygoıff nev aryeneit.
Neu hyt ycollei yſynnh6yıev. nev nerth ygoıff.
nev gymryt b6yt nev lynn kynn offeren dy6 ſul.
nev dydyev g6ylev arbennyc. nev yn vynychach
noc vn 6eith yn dydyev katkoıev. amivilaev yſeint.
ar gara6ys⹁ ‖ Seithuet. P. м. y6. godineb. Seith
y6 h6nn6 g6eithret kytkna6t r6g g6ı ag6ıeic
ynampıia6t. nev e6yllys ar 6eithıedv. nev g6ıeic
adyat. toırı p^riodas. nev voı6ynda6t. treiſſa6 g6ıeic.
pechv yn erbynn ky6ydyaeth nev greuyd. nev
adyn diofureda6c. nev adyn ac vıddev kyſſegredic
arna6. neu achrefydyn pıoffeſſa6l. nev bechv yn
erbyn annyan adyn nev. ac annyveil. [145]

YR medyginaethv eneit dyn oı seith pecha6t
mar6a6l. yrodes du6 seith rin6ed ynyı egl6ys.

nyt amgen ynt. Bebyd efcob. abedyd offeirat
yngyntaf oll ohonunt. asegyıffyc. Penyt. anghen.
vıddev kyffegredic. aphıiodas. Sef y6 rin6ed
ybedyd. bot ynvaddeuedic diboen ydyn yholl
pcchodev g6edy bedyd. aheb vedyd nyt oes ffoıd.
nagobeith ydyn caffel g6aret. na nef. ac oachos
hynny. du6 oe va6ı dıugared arodes medyant.
a gallv ybop ry6 dyn yvedydya6 rac perigyl aghev.
Eil rin6ed y6. bedyd efcob. ah6nn6 arodir ydyn
yı kadarnnhav yffyd. ae griftonogaeth ganta6.
ac orin ybedyd h6nn6. ha6s vyd ida6 vıthlad
ykythıeul yvıtha6. ac ymgad6 rac pechodev.
Tıydyd. R. y6 segyıffyc. Sef y6 h6nn6 coıff crift
ynholla6l oeneit. achoıff. ad6y6olyaeth megys
ymae yny nef. Ahynny oll dan li6 ybara ar g6in. ‖
Ah6nn6 arodir yı tagnouedv du6 apechadur. ac
yı rydhav eneit dyn obecha6t mar6a6l. Ped6eryd .
R . y6 (peneit) [1] penyt. Sef y6 h6nn6. poeni odyn
oarch yperigla6ı tr6y g6byl ediueir6ch. achyffes
lan. Ac ynn teir rann ydoofperthir penyt. nyt
amgen. yn wedi. ac yn vn pıyt. ac yn garda6t.
Megys dyn agodho du6 otoıri yoıchymynnev.
g6neuth^{ur} ohona6 yntev ypynckev hynny tr6y
ediuar6ch. achyffes lan. G6ediet ar du6 ygaffel
ydıugared yn lle ydigrifu6ch agymerth yntev yny
pecha6t. Poenet dyn ygoıff tr6y vnpıyt. aphe-
rerindodev feint. ag6eithıedoed gobı6yus. Ac
oachos na 6yr dyn bot yn gymeredic gann du6

---

[1] The letters in brackets are faint, and were doubtless meant to
be deleted by the scribe.

y6edi nev y6eithret. rodet gardodev oe da p2effen-
na6l y2 enryded ydu6 y2 g6edia6. ac y2 penydya6
d2ofta6. Pymhet. R'. y6. aghennv. Sef y6 hynny
dodi ole6 kyffegredic ar dyn ynygleuyt perigl^{us} yd
aghennyt dyn tr6y leindit uuched. madeuedic vyd
ida6 yn holla6l ypechodev mar6a6l. ar neillpeth
ady6edir ydam6eina6 ida6. ae dyuryffa6 oaghev.
ygaffel¹ yechyt ar vy2 amfer. adyn adylyir yaghen-
nv ygynifer g6eith ydyg6ydo [146] ymy6n cleuyt
periglus. Ch6echet . R'. y6. v2ddev kyffegredic. Sef
y6 hynny. teilygda6t amedyant y6affannaethu du6.
arin6edev y2 egl6ys. Seithuet . R'. y6 :· p^{ri}odas.
ahonno ‖ awnnaethp6yt y2 dibechv kytkna6t r6g
g62. ag62eic. ac y2 ennill plant ywaffannaethv du6.

G Wedy g6yppo dyn nerthoed agrymyant rin-
6edeu y2 egl6ys. ac aruer ohonunt tr6y per-
ffeith26yd. dylyed^{us} y6 ida6 6ybot Seith weith2et
yd2ugared y2 gob26ya6 ida6 nef. Sef ynt yg6eith-
redoed hynny. Rodi b6yt yne6yna6c. Dia6t
ysychedic. lletty ybellynnic. Dillat ynoeth. Gof6y
claf. Rydhav carchara62. Claddv ymar6. Ac
arnyallo g6nneuthur yseith 6eith2et hynny yn go2-
ffo2a6l. kygho2 y6 ida6 ygann yseint g6nneuth^{ur}
ypvmb g6eith2et hynn yn yfp2yda6l. kygho2i
annoeth ae leffav. achofpi en6ir y2 dyfcu. aphob
t^{ri}ft galarus ydidanv. kyt dolurya6 ag6ann tr6y
ygar6. ath2os pob aghyfnerthus g6ann g6edia6
ar du6 yd2ugarhav v2tha6. [147]

---

¹ Read *ae kaffel*. The scribe wrote *ae* in the margin, and a caret
before the *g*; but omitted to delete the *y* and to correct the *g* into *k*.

PWYLL Y PADER O DULL
HU SANT

llyma pȯyll ypater ᵭe dyall val ydyȯeit hu
sant. ᷄ ᷄ ᷄ ᷄

HV sant oseint victoꝛ ymparis adyȯeit owedi
ypader val hynn.   Gann ymdiret ygallȯn
ȯediaȯ megys meibon. yrei [1] ytat. yꝛrei ydyſgȯys ef
ȯediaȯ val hynn vdunt.   Pater noſter qui es in
celis.   Sef yȯ pȯyll hynny.   yn tat ni yꝛhȯnn yſyd
ynynefoed.   seith arch yſyd yny pater megys
ydyȯetpȯyt vchot.   yny obꝛynhom nynhev caffel
trȯy yrei hynny ſeith dōnyev yꝛ yſpꝛyt glan.
Athꝛȯy yſeith donnyev hȳny. ‖ seith nerthoed yꝛ
eneit val ygallom nynhev trȯy yseith nerthoed
hynny.   ynryd mynet yȯꝛth yſeith pechaȯt marȯaȯl.
ᵭdyuot aryſeith gȯynvyuedigrȯyd.   Seithryȯ pe-
chaȯt marȯaȯl yſyd.   yrei ymaent achos adefnyd
yꝛholl pechodeu ereill oll.   Sef ynt yseith hynny.
gogelent baȯp racdunt.   nyt amgen.   Syberȯyt.
kyghoꝛueint.   Irlloned.   Tꝛiſtit bydaȯl.   nev leſged
gȯnneuthur da.   nev waranda da.   nev dyſcu da.
Pymhet pechaȯt marȯaȯl yȯ. chȯant.   ᵭchebyd-
yaeth.   Whechet yȯ.   glythineb ameddaȯt.   Seith-
uet yȯ.   godineb.   Yrei ayſpeilant dyn ogaryat
duȯ ᵭholl nerthoed duȯ.   ᵭc odonnyev yꝛ yſpꝛyt
glan.   Ypedȯared ohonunt aboena yꝛ yſpeiledic.

[1] The letters *yrei* are faint, and probably to be merely omitted,
as *gȯediaȯ* need not be followed by *ar* in Ml. W.

Ypymhet. av6ı6 yıyſpeiledic yngr6ydıat. Yh6echet
ad6yll y cr6yddıat g6ıtholedic. Seithuet asathıa
ac adiel6ha yt6ylledic. Syber6yt ad6c du6 ygann
dyn. kygho ueint ad6c ygyfneſſaf yganta6. Irlloned
ad6c dyn racda6 ehun. kanys aml6c y6 named
irlla6nn arna6 ehun. Yıyſpeiledic obop da ayſpeilir
val ydy6etp6yt vchot. kannycheiff ef le6enyd ynda6
ehun. nac yndu6 nac ynygyfneſſaf. Tı6y dıiſtit
ypoenir ef heb dim lly6enyd. Yn neſſaf yh6nn6
yda6 ch6ant yıh6nn av6ı6 ypoenedic ygeiſſa6 lle-
6enyd yny petheu byda6l. kann colles yſpıyda6l
le6enyd aoed [148] ynygallonn. kanys annyana6l
y6 y||eneit nadiga6nn vot heb ry6 le6enyd ae ynybyt
h6nn ae rac lla6. Ynneſſaf yh6nn6 yda6 glythineb
yıh6nn aluſc ac atynn ybıyt ch6anna6c achubedic
yny pethev traghedic odieithyı hyt ar oımod
b6yt adia6t. Yn ol h6nn6 yn di6ethaf oll yda6
godineb yıh6nn agethi6a. ac aeſt6ng yt6ylledic
ygethi6et pecha6t. vıth hynny tr6y syber6yt yh6ydda
ygallonn. tr6y gygho ueint yg6ÿh6a. tr6y irlloned
ytyır. tr6y triſtit ybıi6ir. tr6y gebydya|aeth yg6eſ-
gerir. tr6y lythni ybutreir ac yg6lychir. tr6y
odineb yſethıir. megys yn ll6ch hyt yı eigya6nn.
Ywedi gynntaf oı pader adodir ynerbynn Syber6yt.
pann dy6etter. Sanctificetur nomen tuū. Sef y6
p6yll hynny. kadarnnhaer dy en6 ti argl6yd. val
ybych dat ti yni. anynhev ynveibon ytitheu. val
ybo arnam dyofuyn ti athgaryat ath enryded yny
ymhoelom ni attat ti tr6y vfuyllda6t. megys yd
ymyda6ſſam ath ti. Tı6y syber6yt yny 6edhonn

yrodir da6n. yfp2yt. ofuyn ydyn. T26y y2 yfp2yt
h6nn6 ydy6edir ar vfyllda6t. yny gaffo y2vfud
tey2nnas g6lat nef tr6y vfuyda6t. y2h6nn agolles
ysyber6 tr6y syber6yt. megys dy6eit c^{ri}ft yny2
evegyl. G6ynn ybyt y2 henghennogyon vfyd.
kanys 6yntev biev tey2nnas g6lat nef. Yr eil 6edi
yfyd yn erbyn kgho2ueint. Nyt amgen. Adueniat ||
regnum tuum. Sef y6 hynny. doet dy tey2nnas
ti arnnam ni megys ymae yny nef. yny dayar.
P6ybynnac aarcho velle. kyffredin yba6p aeirch.
kannys yechyt pa6b y6 tey2nnas nef. Ac aarcho
velle cas vyd ganta6 kygho2ueint. y2 "honn 6edi"¹
yrodir yfp2yt g6aredogr6yd. y2h6nn aardymhera
callonn parth ac arybuched da yny del aruedyant
daear yrei by6. Ac yna ydamvna yg6ar digynhēnus
dyuot pa6b ygyt ac ef. Yd2yded 6edi o2pader yfyd
yn erlloned.² panndy6etter. Fiat uoluntas tua ficut
in celo & in terra. Sef y6p6yll hynny. bit arnam
dy6|yllys ti megys ymae yny nef ynydayar. Yneb
aaeirch velle nymynn gynnhennv nachyffroiar d26c
yny gallonn. namyn dangos bot ida6 ef pob [149]
peth aragho yvod ac e6yllus du6. yr wedy honn
yrodi yfp2yt g6ybot ynydel ydyfcu ygallonn. ac
yadnabot ydolurya6 d26y ymae yny adef. ac
ynannoc ypecha6t. aphybethbynnac agarho oda
ymae od2ugared du6 ida6. v2th hynny tr6y edi-

---

¹ Read y2 6edi honn ; the accent marks mean 'transpose'.
² Read yn erbyn irlloned. The scribe wrote the first stroke of
the b too near the r and turned back to write a small r above the
other to make it plain ; then he took the beginning of the b for the
l after r in irlloned; and went on.

uar6ch irlloned ahed|dychir ac aede6ir ar6ir lle6enyd
adidannwch. ⌣ vrth hynny ydy6eit cr̄ſt ynyꝛ euegyl.
G6yn eubyt yrei ag6ynnant ac adoluryant yma.
kannys 6ynt6y ohynny adidenir rac lla6. Yped6ared
6edy yſyd yn tryſtit. Sef y6 y6edi honno. Panem
nrr' cotidianum da nob' hodie. Sef y6 p6yll hynny ||
Dyꝛo ti yn bara peunydya6l. Sef y6 ytriſtit h6nn6.
blinder bꝛyt gyt ac afule6enyd callonn. ac eneit
Ahynny auyd pann vo bꝛyt ac eneit ynch6er6 heb
6hennychu da tragy6yda6l. yna ymae reit yꝛ eneit
claf 6aret. ae gy6eira6 ovy6n. vꝛth hynny yryd
du6 yꝛ yſpꝛyt kedernyt h6nn6 adꝛychauo yꝛ eneit
yny vo kryfuach ydamunho poꝛth tragy6yda6l.
Ar yſpꝛyt kedernyt h6nn6 aennynn callonn dyn
ych6ennychv y6ironed. vꝛth hy|ynny ydy6eit cr̄ſt
ynyꝛ euegyl. G6yn ybyt yrei avyd sychet ane6yn
arnunt odamunha6 y6ironed. kannys yrei hynny
agaffant elch6yl ykyula6nnder obop melyſter nef-
a6l. ahynny yntragy6yda6l. Pymhet 6edi yſyd
yn erbyn ch6ant achebydyaeth. Sef y6 honno.
Dimitte nobis debita noſtra ſicut & nos dimittimus
debitoꝛibꝰ n'ris. Sef y6 yſtyꝛ ygeireu hynny.
Madeu di argl6yd yn pechodeu yni a6naethamyth-
erbynn. megys ymadevn nynhev yereill oth dꝛu-
gared dithev yꝛh6nn a6naethant yn herbyn nynhev.
ac yꝛ6edi honn yrodir rat. ac yſpꝛyt. kynghoꝛ. yꝛ
h6nn adyſc yni trugarhau vꝛth ereill yny obꝛ6yhom
ac ygobꝛynhom nynhev caffel trugared gann du6.
Ac her6yd hynny ydy6eit ieſſu griſt ynyꝛ euegyl.
G6yn eubyt yrei tru||gara6c. kannys 6ynt6y elch6yl

agaffant trugared. Yhỻechet wedi yſyd yn erbynn glythni. Oꝛ honn ydyỻedir. Et ne nos inducas in temptat'ō|nem. Sef yỻnt pỻyll ygeireu hynny. nadỻc ti ni ympꝛouedigaeth. Sef yỻ hynny. nat ti ni yn gel|lyon [150] trỻy gytſynnedigaeth didannỻch pechaỻt marỻaỻl. Yꝛ wedi honno yrodir. rat. yſpꝛyt. adyall. yny vo ybỻyt agadarnnhao yꝛ eneit. Sef yỻhỻnnỻ. ymadꝛaỻd duỻ. yn gỻahard ychỻant odieithyꝛ. ac velle ny digaỻn eiſſyỻedic gnaỻt goꝛuot ardyn. vꝛth hynny ieſſu gⁿiſt ehun aỻꝛthebỻys yꝛ kythꝛeul pann ỻelas bot neỻyn ar gⁿiſt gỻedy yꝛvnpꝛydyaỻ ohonaỻ deugeinos adeugein pꝛyt yꝛ hỻnn aannoges idaỻ toꝛri neỻyn ygoꝛff gann ỻneuthur bara oꝛ mein. acyna ydyỻat ieſſu. nyt ymara ehun heb yduỻ ymae buched dyn. yny dangoſſei ef yn amlỻc pꝛyt pann poꝛthir eneit dyn oꝛbara oꝛ mein. Sef yỻ hỻnnỻ. rat. amelyſter. acharyat. Aphann gaho yꝛ eneit chỻeith arybara hỻnnỻ. bychan ypꝛydera erbyn yꝛ amſer auyd rac llaỻ. vꝛth hynny yn erbyn glythni ymae. dyall. ac yſpꝛyt. yꝛhỻnn aỻna llygat yꝛ eneit yngyngraffet. ac yn gynnoleuhet. ac yngynnlanet megys yganer oꝛyſpꝛyt deall gleindyt callonn yꝛ hỻnn aobꝛyn gỻelet duỻ. ‖ Megys ydyỻedir ynyꝛ euegyl. Gỻynn ev byt yrei glan ycallonnev. kannys yrei hynny racỻyneb aỻnelant duỻ. Seithuet ỻedi adodir yn erbyn godineb. Set libera nos amalo. Sef yỻ pỻyll hynny. Rydhaa di ni arglỻyd ygann ydꝛỻc. Doeth ſynnhỻyrᵘˢ yỻꝛ neb aeirch ryddit yꝛ hỻnn yrodir rat ac yſpʳʸt bydaỻl. Ydoeth hỻnn a rodir pann gyn-

nvllo bıyt ehun ynholla6l ovlas yfpıyda6l velyfter
tr6y damunet petheu nefa6l.   Ac velle ny wefkerir
ac nywneir dyn yn ryd tr6y e6yllus adamunet
ygna6t vyth. vıth hynny yn erbyn didann6ch
odieithyr yrodir didan6ch yfpıyda6l ovy6yn ynyı
eneit. ac ynyveint v6yhaf ydechıeuho yfpıyda6l
vıyt caffel blas ar 6ybot idi ehun. ynyveint honno
y|ytremycca kna6da6l velyfter. ac velle pann vo
bıyt dyn yn tangnouedus. ac nach6ennycho dim
byda6l odieithyı. Ac velle yfpıyt doethineb agych-
6yn yny gallonn yardymheru ych6ant odieithyı.
ac ygy6eira6 tangneued yndi ehun ynygynnvllher
ymed6l ar bıyt ar ly6enyd yfpıyda6l my6n ygallonn.
Aher6yd hynny ydy6edir ynyı yeuegyl.   G6ynn
[151] eu byt yrei tagnouedus yny callonnev.
kanys yrei hynny rac 6yneb agerir yn teyınas nef
rac bıonn cⁱ̃ſt argl6yd lle ymae lle6enyd tragy6yda6l
heb tranc aheb oıffenn.   ameN = ‖

RINWEDEU GWARANNDAW
OFFEREN

Pvmp rin6ed offerenn sul ynt yrei hynn. kynn-
taf ohonunt y6. bot yn h6y dyhoedyl aruod
pob offeren vyth a6arande6ych.   Eily6. madev
dyu6yt amryt oı sul ygilyd.   Tıydyd y6. madev
dy(v) pechodev oı Sul ygilyd.   Ped6eryd y6.
agerdych ygyıchu offeren ſul bot yngyſtal itt aphei
afroditt odıef dy tat yn dirda6n ydu6.   Pymet y6

ot adyn yₗpurdan goₐffₒys ageiff yngyhyt aphob
offeren aᑬarandao. Rinᑬedev gᑬelet coₐff cʳⁱſt yᑬ
yrei hynn. pann ganer offeren. madeu it dyvᑬyt
amryt ydyd ygᑬelych. Dy ymadₗodyon diffrᑬyth
nychoffeir yt. Anudonev annᑬybot nythgerydir
ohonunt. Nydaᑬ aghev deiffyuyt yt ydyd hᑬnnᑬ.
Oₗbydy varᑬ ydyd ygᑬelych bₗeint kymunaᑬl avyd
arnat ydyd hᑬnnᑬ. ahynny achos kymryt ybara
offeren. Tₗaᑬerendeᑬych offerenn sul ny hennhey
kyhyt ahynny. Pob cam agerdych ygyₗchv dy
offerenn sul. aghel ae kyfurif yt. ₐc am bop cam
gobₗᑬy ageffy. Nythₗic dₗyc yfpₗyt ygyt athi ytra
vych yn kyₗchv offeren sul.

Oth ogyuarch dyfful ath ovynnhaf ar dy uvl.
    py wnaf am offeren sul.
Offeren sul os keed. trᑬy ffyd achₗet achₗeuyd.
    gᑬyn yvyt dy gyᑬeithyd.
Oth ogyuaₗch odifuri. ath ovynnhaf trᑬy dei‖thi.
    pywnnaf obydaf hebdi.
Obydy hebdi heb lauur arnnat heb anghen.
    hyt yₗ wythnos na chᑬard wen. [152]

BREUDWYT PAWL EBOSTOL

Breudᑬyt paᑬl.

Dyᑬ sul dyd detholedic yᑬ. ynyₗ hᑬnn ycaffāt
yny dyd hᑬnnᑬ yₗ eneideu auont yny poenev
oₗffᑬys yndiboen trᑬy leᑬenyd. Agᑬybydet baᑬp
pann yᑬybaᑬl eboſtol. ₐc yvihagel archagel ydan-

E 2

goffes du6 vdunt vffernn. Ac yna pa6l a6elas gyz
bzonn pyzth vffernn deri tanllyt. ac vzth y keing-
hev pechaduryeit ygkroc. Rei onadunt gyz ble6
ypennev. Ereill gyz eud6yla6. Ereill gyz eu
bzuantev. Ereill gyz ytauodeu. ac ereill gyz
ybzeicheu. Ac yna yg6elas pa6l ynlle arall ff6zn
yn llofki. aseith fflam amli6 ynkyuodi ohonei.
alla6er yny poeni yndi. ac yngkylch yff6znn yd
oedynt seith pla. kynntaf oed eiry. ar eil oed tan.
ar tryded oed ia. Ped6ared oed 6aet. Pymhet
oed seirff. Ch6echet oed mellt. Seithuet oed
dere6ant. Ac yz ff6znn honno yd annvonir eneidev
pechaduryeit ny wnelont eupenyt yny byt h6nn.
Rei ohonunt yn6yla6. ereill yn vda6. Ereill
ync6yna6. Ereill yn keiffa6 yhagev ac nys keffynt.
kanybyd mar6 eneit yn tragy6yda6l. vzth hynny
lle ofuyna6c y6 vffern ynylle yma trift6ch heb
le6enyd. adolur tragy6||yd. Ac amylder odagreu.
ach6ynnvan callonn. ac oeruel ma6z dz6y lofge-
digaeth eneideu. Yno ymae rot odan amil oyzd
arnei adiefuyl ae try vn6eith beunyd. ac ar bop
g6eith yllofkit mil oeneidev. ⌣ Odyna yg6elas pa6l
avon aruthyz yn lla6n obzyfuet kythzeulic. megys
pyfca6t yny moz ynllygkv eneidev pechaduryeit
megys bleideu yn llyngkv deueit. ac ar yz auon
honno ydoedbont yd aei yz eneideu kyfya6nn idi
yndidzamg6yd. ac eneideu ypechaduryeit adyg-
6ydynt yndi. lla6er yfyd obzeff6ylvaeu dz6c yn
vffernn. megys ydy6edir ynyz euegyl. R6ym6ch
6ynt yn fagleu oe llofci. [153] yno ypoenir kyffelyb

gyt ae gyffelyb. godineb^{us} ygodineb^{us}. treif6yı gyt
athıeif6ıaged. En6ir gyt aen6iryon. apha6t agerdei
yı bont honno her6yd ygobıynei.   Ac yno yg6elas
pa6l lla6er oeneideu ympoen.   Rei ohonunt hyt
yglinnyeu.   Ereill hyt ybogel.   Ereill hyt yg6eu-
uffev.   Ereill hyt yhayleu.   Ereill hyt yg6arthaf
ypennev. yna yd 6yla6d pa6l.   ac ygofyna6d yı
angel p6y oedynt yrei hynny. heb agel yna. yrei
a6ely di hyt y glinnyev aoganant ereill. pann elont
yı egl6yffeu.   arei a6ely dihyt ybogel a6naethant
pecha6t godineb^{us}.   ac nys penytyaffant hyt aghev.
Erei a6ely ti hyt yg6efuffeu. aoganaffant yn egl6ysev
heb 6arannda6 geireu ‖ du6.   Yrei a6ely di hyt
yhaeleu ala6ennaffant og6ympeu ykymodogyon.
Odyna ef a6elei lle ofyna6c yn gyfula6nn o6yı
ag6ıàged yn knoi ytauodev.   llyma heb angel vıth
pa6l yı ockyı6yı a6naethant vfur ac ockyı. ac ae
keiffaffant.   ac nybuant trugaıa6c vıth yg6eineint.
Ac vıth hynny ybydant 6y yny poen h6nn hyt
dydbıa6t. Odyna pa6l a6elas lle arall obop ry6 boen
ynda6.   ac yno ydoedynt moıynyon duon pyclyt.
ag6ifcoed duon pyclyt amdanadunt.   adıeigeu
tanllyt aseirff.   a nadıed g6en6ynnic yn doıchev
amy mȳnyglev.   ana6 kythıeul yfgithra6c.   achyınn
tanllyt arnunt ynyharheila6.   ac yny agkreiffya6,
ac yn dy6edut vıthunt.   adnybyd|d6ch ch6i vab
du6 by6 yg6ı abıyna6d ybyd oe 6erthva6ı6aet.
Agouyn aoıuc pa6l yna yı agel p6y oed|dynt. llyma
heb ef yneb nyched6is ydi6eirdeb.   ac abechaffant
vıth y karant.   ac a toıraffant ypıiodas|feu.   ac

aladaſſant eu plant. ac aebyɹryaſſant ynv6yt yɪ
pɪyfet. neu ymy6n d6fyɪ oebodi. nev ygkyfyɪgoll
arall. ac ny6naethant ypenyt kynnaghev. Odyna
ef a6elei g6yɪ ag6ɪaged ymy6n tan a ia. ar tan yn
llofci y neill hanner vdunt. ar oeruel yny crydv oɪ
tu arall. ac yny kryfuachv. llyma heb yɪ agel
yneb aargy6eda6d yɪymdifeit arg6ɪaged g6ed6on.
Odyna ef a6elei yn llearall hen6ɪ ynr6ym r6g ‖
ped6ar kythɪeul. Ac [154] ynn yntev yn6ylya6 ac
ynvda6. Apha6l aovynna6d p6y oed h6nn6. Efcob
g6allus heb yɪ anghel y6. nyched6is kyureithev
du6. ac ny bu di6eir oeir nac 6eithɪet na med6l.
namyn kebyd t6yll6ɪ. acham ryuygus. Ac am
hynny ybyd arnna6 yntev anneiryf o boenev hyt
dydbɪa6t. Ac yna ydy6at pa6l. och. och. och.
g6ae 6ynt ypechaduryeit ygeni. Ac yna ydy6at yɪ
angel vɪth ba6l. paham ydochydi pa6l. ny6eleiſte
eto nema6ɪ oboenev vffernn. Ac yna dangos
pyde6 aoɪuc ida6. aseith ynfeil arna6. Saf obell
heb yɪ angel. kanny elly diodef dere6ant ypyde6
h6nn. Aphann agoɪet genev ypydeu. ef agyuodes
dɪe6ant ohona6. val ytybygei ba6l yvot yn 6aeth
no holl boenev vffernn. P6ybynnac heb yɪ angel
adyg6ydho yny pyde6 h6nn. nybyd cof ef byth gyɪ
bɪonn du6. Yrei hynny heb yɪ angel ny credaſſant
ygᵣiſt yg6ɪ adiodefa6t anghev yɪ pobyl ybyt. ac
nychɪedaſſant kymryt ohona6 gna6t dyn. na eni
oveir 6yɪy. ac nychymeraſſant vedyd yn en6 du6.
ac ny thalaſſant 6y degemhev yɪ egl6yſſev. ac
atrymygaſſant ykyfneſſeiueit. ac ny chymeraſſant

gymvn ogo2ff c^ri^ft nae6aet.   Odyna yg6elas pa6l
g6y2 ag62aged yn noethon aph2yfet. anad2ed yny
b6yta. ‖ ahynny pob vn ar6arthaf ygilyd. megys
deueit ymy6n phalt.   Achynde6et oed ylle ydoedd-
ynt ynda6 ac o2 nef hyt y(2 g6y2.)¹ lla62.   ac ef
agly6ei k6ynvan agriduan ac 6yllovein megys taran
yny2 a6y2.   ac ed2ych ao2uc pa6l obell yv2tha6. ac
ef a6elei eneit pechadur yn r6ym gann seith gyth-
2eul 6edy2 d6yn y2 a62 honno o2 co2ff.   ac ynteu
yng6eidi ac ynvda6.   Ac engylyon nef ynlleuein.
ac yndy6edut.   och. och. eneit truan pybeth ary-
6naethofti. hyeu medeu vn o2 diefyl. llyma y2eneit
atremyga6d go2chymynnev du6.   ae gyfureithev.
ac yna darllein charty2 ae pechodeu aeweith2edoed
d26c ynyfcriuennedic yndi.   ac ynyvarnv ygkyuy2-
goll.   ar dieuyl ynygymryt.   ac yny anuon y2
ty6yll6ch eithaf. ynylle˙ ydoed 6ylya6.   ach2ynv
danned. ath2ift6ch heb le6enyd.   ac yna ydy6at
[155] y2angel.   Cret ti ba6l pann y6 valyg6nel
dyn yny byt yma ykeiff ef rac lla6.   Odyna yg6elei
ef egylyon yn d6yn eneit mynach g6ynn oe go2ff.
ac yny annvon y2nef.   ac yna ykly6ei pa6l llef
miloviloed oengylyon yn lla6enhav 62tha6.   ac
yndy6edut.   Oeneit det6yddaf byd la6en. heddi6
kann g6naethoft e6yllus du6.   ac yna dy2chauel y2
eneit gy2 b2onn du6.   ydarllein y6eith2edoed da
ry6naethoed.   Ac yna yduc mihangel y2 ‖ eneit
ybarad6ys lle ydoeddynt y2engylyon yn erbynnyeit
y2 eneideu g6iryon. aga62 ole6enyd arodaffant

¹ The letters in brackets were erased, and are faint.

val pei vot yɪheul ar lloer ar nef ar dayar yn kyffroi.
ac yna lleuein aoɪuc ypechaduryeit oɪ poenev
adyϬedut trugarhaa vɪthym vihagel archangel.
athitheu Ϭynnvydedic paϬl eboſtol eirolϬch dɪoſſom
ar duϬ. kanys ni aϬdam ymae trϬy ych gϬedieu
chϬi ykynnhelir ynef ar dayar. ϬylϬch chϬithev
aninhev aϬylϬn ygyt achϬi yny dɪugaɪhao duϬ
ϬɪthyϬch. ac yny rodho duϬ noddua yϬch. Alleuein
aoɪuc yniuer aoed|dynt yny poenev.   alleuein aoɪuc
mihagel aphaϬl eboſtol a millyoed o engylyon
ygyt ac Ϭynt yny glyϬit y llef ynypedveryd nef.
yndyϬedut ArglϬyd gʳⁱſt trugarhaa vɪth veibon
ydynyon.   ac yna ygϬelas paϬl ynef yn kyffroi aduϬ
argoɪon amybenn.   ar niſeraoedynt yny|vffernn yn
gϬeidi ac yndyϬedut. trugarhaa vɪthym vab duϬ
byϬ goɪvchel. ac yna yclyϬei baϬl lef yndyϬedut
vɪthunt. paham naϬnaethaϬchϬi dim oɪda. val
ygalleϬch erchi benndith agoɪffϬys. ᴍi arodet
arygroc ac apϬyϬyt yɪhoellon ymdϬylaϬ.   ac arodet
ygϬenϬyn ym oe yvet.   ac am gϬnanpϬyt ar gϬayϬ.
ac aymrodeis vy hvn y anghev yɪychbyϬyt chϬi.
achϬi‖thev geuaϬc vuaϬch. alladɪonn. kebydyon.
kynghoɪvynnᵘˢ. balch. adiſtryϬ yɪ eglϬyſſeu. ac
attal degēmev. aphob amryuael dɪϬc heb Ϭneuthur
dim da. nac vnpɪyt nac aluſſen. Ac yna ygoſtyng-
haϬd mihagel archangel. aphaϬl eboſtol amilyoed
oengylyon gyɪ bɪonn duϬ yadolϬyn idaϬ rodi goɪffϬys
dyϬ sul yɪ eneidev aoedynt ynvffernn. ᴍi arodaf
heb yɪ arglϬyd ieſſu yɪ [156] mihagel. ac yɪ paϬl
eboſtol. ac yɪ vyn dayoni vy hun oɪffϬys vdunt

oa6ı na6n dy6 sad6ınn hyt a6ı pıim dy6 llun. Ac
yna dıychauel yar ypennev aoıuc etyıval dıys|ſa6ı
vffernn. acerebius ygi. athıiſtav ynva6ı. alla6en-
hav aoıuc ynifer aoedynt yn vffernn. ady6edut
ygyt oll. ni ni ady6ed6n dyuot ti ynvab ydu6 by6.
kan rodeiſt ti yni oıff6ys du6 sul ehun. Ac vıth
hynny p6ybynnac ahenrydedho dy6 sul. ef auyd
kyfranna6c ac aoıff6ys gyt ac engylyon nef. Ac
yna ygofuynna6d pa6l yı angel pysa6l poen yſyd
ynvffernn. ar aghel ady6at petei pedeir mil adeu-
gein mil achan ɯil ynrifa6 poenev vffernn. aphed-
6ar taua6t hayarnn ympenn pob vn ohonunt.
nyphereynt ynrifa6 poenev vffernn. 6ıth hynny
p6ybynnac ohonam ni agly6ho meint poenev cⁿſto-
nogyon agkredad6y. ameint lle6enyd yı eneidev
kyſya6n bucheda6l. ameint adiodefa6d cⁿſt yıhom
ni ‖ colli ywaet yn wiryon yı caryat ar griſtono-
gyonn. nynhev adylyhem haeddu yvodyant ef val
ycaffem buched tragy6ya6l yn teyınas. g6lat nef.
[157]

AM GADW DYW SUL

Llyma yıachos ydeuth baı du6 ynychplith. a
methyant arych llauur ac arved6ch oda. Ac yda6
pobyl ypagannyeit ydodi ych kyıff ynachuba6l
geithi6et. oacha6s na chedy6ch dy6 sul ſanteid
bendigedic. yamhlaant ychplith kribdeiledigyon

vleidev. achón kynndeiraóc. óynt achsoddant yn
dyfynnder gofuut. Aminhev aymhoelaf vyóyneb
yóithyóch ac yóith ych te oi aónaeth ych dóylaó.
Pob kyfuryó dióc oi aónaethaóch ynerbyn vy
santeid eglóys .i. miae dialaf. am ach rodaf ynoi-
efgynn alldudyon. ac achsodaf megy ysodet
gynt. Souir ac ovir. alynkóys ydayar óynt ynvyó
amypechodev. Aphóybynnac adiamóyho yle am-
gen. yn dyd fanteid sul noc ym heglóys i kanys
ty owedi yó. nev ypererindodev seint. nev yofuóy
kleifon. nev yagklad meiró nevytagnouedv róg diga-
ffogyon. aónel amgen oóeith yny. megys eillyaó
góallt nev varveu. nev ykneifaó. nev olchi pennev.
neu dillat. nev bobi bara. neu óeith arall góahar-
dedic gann yieglóys catholic yn dyd arbennic sul.
Nychaffant gann duó yn dyd nac yn nos yfpiydaól
vendith. || namyn yi emelldith ahaydaffant yfyóaeth.
Ami aannvonaf yny tei glefydyev annoiffenedic
arnunt ac ar yplant. amall aryhannyueileit.
Aphóybynnac adadleuho yn dyd sul. nac aviattao.
nac aónel amryffonev nev pynckev agkyfuleus.
namyn góediaó o eóyllus buchedaól ym henó .i. ac
ymheglóys. mi aannvonaf yny plith amryuaelon
colledev ynamlóc hyt pannvethont. Góarandaóet
yiholl pobloed angkrededun. Agóarandaó ti ogene-
dylyaeth dióc agkyfyaónn. aryihónn ny mynhy
gredu idaó. Bychan yó dy dydyeu. Apheunyd
ymae dydydyev athióed yn neffav. amynhev
óyf póyllic vith pechaduryeit dayaraól yediych
aymhoelont yóir [158] penyt. ac ediuaróch.

achyffes lan.   G6aranndaᵇ6et holl pobloed ypⱬeffent
narodont ehofyndⱬa ytyghu cam lyein yⱬ vygkaryat
.i.   Nac yamherchi egl6yffev.   Nag6nneuthur lled-
ⱬadev yndyd santeid sul.   acha6s ydyd h6nn6
ykyuodes yⱬ argl6yd ieffu oveir6 ynvy6.   ac yd
yfgynna6d ar nefoed.   ac ymae yn eifted ar deheu
du6 dat hollgyfuoethaᵇ6c.   ac odyno yda6 yvarnnv
arvy6 ac ar veir6.   Ac yn ch6ech nyhev yg6nnaeth
du6.   nef.   adayar.   ac yffyd yndunt ynholla6l
ogreaduryeit.   yrei a6elir.   arei ny 6elir.   ac yny
seithuet   dyd   ygoⱬffy6yffa6d oe holl weithⱬedoed.
Ac velle ymynhaf y‖ch6ithev oⱬff6ys oweithⱬedoed
byda6l pa6b ryd.   achaeth.   achad6 dyd sul obⱬyt
na6n   dy6 sad6ⱬnn hyt pann gyfuotto yⱬheul dy6
llun.   Neu vinhev achymelldigaf gyⱬ bⱬon vyn tat
yfyd ynynef.   Ac nywledych6ch ygyt ami nac ygyt
am egely|yonn yn teyⱬnnas goⱬuchelder nef.   Ac
onny ched6ch gy6irdeb tu ac at ychalldⱬa6onn.
achad6 dy6 sul yn gyfuodedic dilauur.   ᴍi annuon|naf
tymeftloed arna6ch.   ac ar ychllauur hyt pann
periclont.   ac nachaffoch ymboⱬth diofuut.   Dygwch
ych degemev yn gy6ir ym hegl6ys .i.   tr6y e6yllus
bucheda6l.   aph6ynnac nys dycco ydeg6m yngy6ir
oⱬda avenffyccya6d du6 ida6.   ef ageiff bar du6 ary
goⱬff ae eneit.   ac ny 6yl buchel tragy6yda6l.   yny
lle ymae yn gobeitha6 y6elet.   Namyn ne6yn
auyd arnunt.   kanys pobyl agkredad6y ynt yndef-
nydya6 barnnev vffernna6l vdunt.   amynhev nys
madeuhaf vd|dunt ynyⱬ oes oeffoed ony chad6ant
vygoⱬchymynnev .i.   P6ybynnac agatt6o dy6 sul

ſanteid ᴍi aagoɹaf vdunt feneſtri nefoed. ac
aamlahaf pob da vdunt olauur ydɓylaɓ. ac ahɓyhaaf
eublynyded yny byt hɓnn yma trɓy yechyt. alla-
ɓenyd dayaraɓl. ac nybyd trabludyeu goualus
yny ɓerin. ami avydaf gannoɹthɓyɓɹ vdunt. ac
ɓynt ‖ avydant laɓuaeth ymynhev. Agɓybydɓch
ymae mi yſyd yaɓn arglɓyd. ac nat oes arglɓyd
namyn ᴍi. kanys mi adileaf pob dɹɓc agofueileint
yɓɹthyɓch. Onybyd offeirat ny thɹaetho yɹ [159]
eboſtol honn ym pobyl i ae myɓn tref ae myɓn
eglɓys ae myɓn dinas vymar adiſgyn arnaɓ tragy-
ɓydaɓl. Tɹaethent yɹ bopyl val ycrettont yn dyɓ
sul arbennic. ac ygallont haeddu trugared nefaɓl.
kanys duɓ ehun aanvones yɹ yſcriuennedic rybud
hɓnnɓ yɹpechaduryeit hyt ar allaɓɹ eglɓys peder
aphaɓl ynrufein. oe rybudyaɓ am weith sulyeu ac
ɓyleu. ᵕ ᴸ

RYBUD GABRIEL AT VEIR

Rybud gabʳiel angel at veir yɓhɓnn pann diſgyn-
naɓd ieffu gʳiſt ynybɹuhi.

Ef annvonet Gabʳiel angel ygann duɓ ydinas
o alilea yɹ hɓnn aoes yenɓ nazared at wyɹy.
bɹiaɓt yɓɹ yɹhɓnn aoed yenɓ Ioſeph olɓyth dauid.
Sef yɓhynny otylɓyth dauid. ac enɓ yvoɹɓyn oed
veir. amynet ymyɓn aoɹuc yɹ angel attei. ady-
ɓedut. henpych gɓell gyfulaɓnn oɹat ymae yɹ

argl6yd ygyt athi. benndigedic 6yt ti yny g6ɪaged.
ᴍal ykiglev hi. hitheu agynnhyɪua6d yny ymadɪa6d
ef. Ac avedylya6d pyry6 annerch oed honno.
Arangel ady6at vɪthi. nac ofuynnha di veir. ti
ageucift rat ygann du6. allyma ydaruolly ti yth
vɪu vab. ath ael6y yen6 ieffu yɪh6nn auyd ma6ɪ ||
amab ygoɪuchaf ygel6ir. Ac ef aryd ida6 argl6yd
du6 eiftedua dauid ydat. ac a6ledycha yn ty iago
tragy6yda6l. ac nybyd di6ed. ary teyɪnnas ef.
Ady6edut aoɪuc meir vɪth yɪ angel. Pyvod ybyd
hynny. kannychytffynnyaf achyt g6ɪ. ar angel
ady6at yn atteb idi. yɪ yfpɪyt glan odyarnatiada6
ynot. agrym ygoɪuchaf auyd gyfca6t ac amdiffyn
yti rac pob pecha6t. ar sant aenir ohonat ti ael6ir
mab du6. Allyma elizabeth dy gares ti. hi aar-
uolles mab ynyheneint. ah6nn y6 ych6et mis yɪhonn
ael6ir anvab. kannys pob ry6 beth oɪ aallo bot yn
eir g6ir adicha6n du6. ady6edut aoɪuc meir vɪth yɪ
angel. llyma la6uoɪ6yn yɪ argl6yd. bit ymi her6yd
dyeir di. ameɴ. [160]

EUEGYL IEUAN EBOSTOL

llyma euegyl Ieuan eboft.

lyma[1] synn6yɪ euegyl Ieuan eboftol her6yd
ydy|yll ar synh6yɪ arodes du6 yrneb aetroes oladin
ygkymraec. ag6ybydet ba6p oc ae darlleo pann

---

[1] Read *Llyma*; the rubricator neglected to draw the capital
initial, for which space had been left at the beginning of the line.

yбgeirev yı euegyl ynt yrei ymae yllinyev ydanunt.
ar geireu ereill heb linnyev. Geireu yneb ae troes
ygkymraec yſynnhбyıaб ac yamlyccav yı euegyl.
Inpıincipio erat uerbum. Yny dechıeu yı oed
geir. Sef oed hynny yny tat duб ydoed mab.
kannys geir duб oed yvab. Ar geir aoed gyt aduб.
Ac vıth hynny ydylyбn ni бybot nat vn ǁ perſonn
ytat ar mab. Aduб oed ygeir. Cannys ygeir
yſyd vab. ar mab yſyd duб. ahбnnб oed yny
dechıeu ygyt aduб. Cannys gogyuoet yб ymab ar
tat. Athıбy ygeir hбnnб ygбnnaethpбyt pob peth.
ahebdaб ef nyбnnaethpбyt dim. Canny bu бnneuth-
uryat amgen arybyt eithyı dyбedut oduб pann dyбat
yeir. ac yny eir. Sef yб hynny. pann anet yvab.
Bit bop peth ynyı amſer hбnn aı amſer. Ac val
ydyбat ac ygoıchymynnaбd velle ybu. ac nybyd
dim onnyt adyбat ef aryeir ybydei. Ac eiſſoes ny
dyбat duб ac nys goıchymynnaбd vot pechaбt. ac
achaбs hynny arбyd yб nat dim pechaбt. eithyı
camбed ac eiſſeu kyſuyaбnnder. ar hynn aбnaeth-
pбyt yndaб ef. byбyt oed. Sef yб hynny kyffelyb-
ıбyd adechıeu pob peth megys ymae yn duб
byбyt yб. Cannys pob peth oc yſyd ynduб byбyt
yб. aduб yб. Ar byбyt hбnnб yſyd leuſer yı
dynyon. ac nyt lleuuer yı annyueileit heb dyall
heb ſynnhбyıev gantunt. Namyn lleuſer yſpıydaбl
yб. aaoleuhaa eneideu dynyon. Ar lleuuer ale-
бycha ymplith ypechaduryeit. Cannys pechaбt
yſyd tyбyllбch. arpechaduryeit tyбyll yǁynt
ahynny achos ypechaбt. Ar tyбyllбch nys amgyff-

[161]reda6d ef. Sef y6 hynny. pechaduryeit (nys) ‖
nys erbynnaffant ef ac nys adnabuant ef. megys
deillonn yn eifteid ygoleuat yₐ heul heb yg6elet.
Ac achos dyuot ygoleuat h6nn6 ygkna6t dyn.
aphₐeff6ylya6 megys heul my6n 6ybₐen. neu oleuat
my6n llugoₐn. vₐth hynny. ydannuonet dyn ygann
du6 ae en6 Ieuan. Ieuan oed h6nn6 vedydd6ₐ
aanet yn erbyn anyan odev hendyn. ac aoₐucp6yt
ynsant ymrv yvam. H6nn6 anvonet ynrighill
ovlaen mab du6 yrybudya6 pa6b. ac yvenegi ydoey.
Nyt "oleuat "oed[1] ef. namyn ef aannvonet yntyft
yrodi tyftolyaeth oₐ goleuat megys ycrettei ba6p
y|dₐ6yda6 ef. Sef y6 tr6y ytyftolyaeth ef. Yd oed
ef hagen wir oleuat aoleuhaa pob dyn oₐ byt.
Cannys oe bleit ef ydeuth yoleuhav pob dyn oₐ
byt. Ac eiffoes lla6er agayant yllygeit yn erbyn
ygoleuat h6nn6. ac ny vynhant y6elet. Yny byt
yd oed lleuuer. Sef y6 hynny mab du6. Athₐ6yda6
ef yg6naethp6yt ybyt. tr6y vab du6. Ac eiffoes nyt
adnabu ybyt ef. Sef y6 hynny nyt adnabv dynyon
byda6l aoedynt pechaduryeit ybyt. Oebₐia6t
ydeuth. Sef oed hynny y6lat yₐiffrael oed megys
g6lat bʳⁱa6t ida6. athₐeftat 6ahanreda6l yna. Cany
chₐedei neb yndu6 yna onnyt 6ynt. Ae eida6 nys
aruollaffant. ac nys kymeraffant megys yn du6
aehaₐgl6yd. P6ybynnac hagen ae kymerth ef.
Ef aro‖des vdunt allu amedyant oebot ynnveibon
ydu6. ac ny dicha6n neb d6yn yarnna6 yvₐeint
onnys mӯn ehun. Nyt yrei anner owaedeu ogyt

---

[1] Read *Nyt oed oleuat*; cf. p. 63 above, footnote 1.

g6ı ag6ıeic. Sef y6 hynny yrei nyanner obechodeu
nac oe6yll⁻ ykna6t. Namyn yrei aaner odu6.
Cannys yneb aaner odu6. ꝛenir orat yıyſpıyt glan.
Arei a aner o6eithıet g6ı ag6ıeic aennyn o6eithıet
kna6da6l. ꝛchynn yvot ynvab ydu6 reit yw ida6
ydadeni tr6y d6fyı ybedyd. ꝛrat yı yſpıyt glan.
Ar geir a6naethp6yt yngna6t. Sef y6 hynny du6
a6naethp6yt yn dyn. ac apıeſſ6yla6d ynom ni. Sef .
y6 hynny yn plith ni. A ni a6elſam yogonnyant
ef. Yı honn ny allei neb [162] yg6elet onny bei
6ifca6 ohona6 ef gna6t dyn. ꝛe ogonnyant ef
megys gogonyant vn mab du6 aanet odu6 kyſula6n
orat. ag6ironed. Canys ydynolyaeth ef ae eneit
arod|det yı holl radeu. ar holl 6yboteu yıh6nn
nyrodet yneb eithyı ida6 ehun ahynny yn holla6l. ⌣

Y DRINDAWT YN VN DUW

Dangos py6ed ydyellir ytat armab. ꝛryſpıyt
glan vn du6. KYnn bo perffeithach du6 nochıea-
dur oıbyt. ꝛhynny offyıd heb rif arnunt. Eiſſo|
ny all6n ni na deall yperffeithı6yd ef nae dy6et|dut
aryn tafa6t onnyt tr6y kyffelybı6yd ypetheu a6el6n
ꝛc adeall6n yny creaduryeit. ꝛc ynenn6edic yndyn
a6nnaethp6yt ar del6 du6. ‖ Yny eneit dyn ymae
cof. adeall. neu ved6l. ꝛc e6yllus. ꝛchynn b6ynt
6y ynvn eneit. ꝛmgen beth y6 pob vn ohonunt
ae gylid. Aphob vn ohonunt 6y yfyd yny gilyd.

kannys cof yſyd . gof gannta6 pob vn o₁ t^{ri}. Ar
med6l adyall pob vno₁ t^{ri}. ar e6yllus avyn ac agar
pob vn o₁ t^{ri}. O₁ cof 6eithonn ygenir med6l. ar
med6l h6nn6 geir y6 affuruir. ac alunir yngkallonn
dyn. achyt ahynny o₁ cof ar med6l yda6 y₁ e6yllus.
velle vn du6 holl gyfuoetha6c oachos yvot yn yſp₁yt
dyall^{us} dylyed^{us} ymae t^{ri} pheth val kyffelyb y₁ t^{ri}
v₁y. eithy₁ eu bot yn perffeithach. ac yn diueiach.
Sef ynt yt^{ri} pheth hynny. ytat. ar mab. ar yſp₁yt
glan. Ytat yſyd megys cof. kannys val ymae
ycof yndech₁eu y₁ med6l. ar e6yllus. ac | cof
yda6 yna ymed6l nev eir. ac ohonunt 6yntev
yda6 e6yllus megys yſp₁yt. ac velle ytat du6 yſyd
dech₁eu y₁mab. kanys o₁ tat yganet mab du6
megys ygenir geir o₁ kof. Ac v₁th hynny. mab
du6 geir ytat y6. ageir ygel6ir. ac o₁ tat armab
ydeuth caryat. ac vnnoly[163]aeth r6ng ytat ar
mab. ah6nn6 y₁ yſp₁yt glan. ar t^{ri} hynny yſyd
og\u0233meint agogyſtal. ac vn voned. ac vn dyall
ac vn allu. kannys yt^{ri} hynny yſyd vn du6 di6ahan.
ar t^{ri} yſyd ogyuoet. aphob vn ohonunt 6y yſyd yny
gilyd. kannybu ytat eiroet heb vab ida6. ac nybu
heb dy6edut geir ‖ Ac eiſſoes nydy6at namyn
vngeir. ac nybu ytat. ar mab eiroet heb garyat
ac vnnolyaeth yrygtunt ah6nn6 y6 y₁ yſp₁yt glan.
velle yda6 o₁ heul palad₁ y₁ heul. ac o₁ heul ar
palad₁ yda6 g6₁es. ac tri hynny gogyuoet ynt
eithy₁ nat ynt vn anyan di|6ahan val yteir p^{er}ſon.
velle heuyt yda6 nant o₁ ffynnya6n. ac o₁ ffynna6n
ar nant yda6 llynn. ac y₁ hynny vn d6ſy₁ y6₁ t^{ri}

di6ahan eithyɪ nat ynt o(gy)gyfuoet.[1] kannys kynt
ybyd yd6fyɪ yny ffynnya6n. ac yny nant. noc yd
a ynllynn. vɪthhynny nyt oes dim ynyɪ holl pecha-
duryeit kyffelyb nathebic og6byl yɪ vn du6 ar teir
p^{er}fonn. ac eiffoes p6ybynnac adyallo yn aml6c
yɪ hynn ady6etp6yt am eneit dyn ac amycreaduryeit
ereill. ha6s y6 ida6 6elet. achɪedu py 6ed ymae
ytat ar mab. ar yfpɪyt glan ynteir p^{er}fonn doofp^{ar}-
thedic. ac yn vn du6. ‖ [164]

HYSTORIA GWLAT IEUAN VENDIGEIT

Llyma dechɪeu yftoɪya g6lat Ieuan vendigeit

Llyma lyuyɪ aanuones bɪenhin yɪ yndia yam-
herawdyɪ conftantinobyl. ynyɪ h6nn ydyellir
lla6er oamryuaelon betheu odida6c ac ynda6 ymae
petheu ne6yd. aphetheu nychly6yfp6yt yn llyureu
ereill eiroet ac nycheffir. allyma grym yllyuyɪ
h6nn6. ˸ ˸ ˸

Ieuan offeirat ogyuoeth anerth du6 yn argl6yd ni
ieffu grift. bɪenhin ydayɪa6l vɪenhined ac
argl6yd yɪ argl6ydi. yɪ g6ɪ yffyd yn lle du6 nyt
amgen yly6a6dyɪ rufein. yfyd yn anuon ānerch.
ally6enyd orat pɪydeft. athɪ6yhynny gann yfgynnv
ar betheu auont vch. Ef avenegit vɪth yn ma6ɪ6ɪ-
daeth ni ycarut ti ynarderchogr6yd ni ar amled yn

---

[1] The letters in brackets are faint ; read *ogyfuoet.*

goʒuchelder ni. ani a adnabuam dʒ6y yn negef6as
ni ymynnut ti auon yn ni petheu bʒy6ys arei digryf.
ac val yd 6yf dyn i. da y6 gennyf hynny. ac oʒ
petheu einym nynhev gann yn negef6as ni nyheu
aanuon6n petheu ereill ytitheu. ac ni auynn6n.
ac adamun6n 6ybot aoes gennyt ti ffyd ya6n ygyt
ani. ac agredy yn holla6l ynhargl6yd ni ieffu g⁻ift.
Pann adnappo yrei einym ni yn bot ni yn dynyon.
ytebic dy roeg6yʒ ditheu dyuot ti yndu6. eiffoes
kān ad6aenam || ni dyvot ti ynvar6a6l. adareft6ng
ohonat ti ydyna6l lygredigaeth. osit arnnat ti eiffeu
dim obetheu aberthynont ar ly6enyd. hyfbyffa di
dʒ6y dy negef6as ti. ac ogyuedic rybucheidʒ6yd
yn haelder ni. ti ae keffy. kymer di yʒ anrec honn
ym hen6 i. ac aruera di ohonei. amynhev yn
lla6en aaruer6n oth anregyon titheu. hyt pann vo
velle ydymgadarnnhaon yn nerthoed ni 6ers dʒag-
6ers. ac yn ar6ydon it arhȳny medylya di ac
edʒych oʒ mynny dyvot at ygenedyl yd henym ni
ohonei. ni athoffod6n [165] ary petheu m6yhaf yn
ynllys ni. ac velle di aelly aaruerv on amled ni.
ac oʒ petheu amhyl yfyd yn ynplith ni. ac omynny
ymhoelut dʒacheuen. ti aymhoely yn gyfuoetha6c.
Coffa hagen ypetheu ne6ydhaf. Sef y6 yreihynny.
dy di6ed. ac nyphechy yn tragy6yd. Oʒ mynny
hagen adnabot yn ma6ʒ6ʒdayaeth ni. ac arderch-
ogr6yd yn goʒuchelder ni. ac ympa dired yʒ
argl6ydocka yn gallv ni. dyall ti. aheb pedʒufter
cret ti vymot i yn ieuan offeirat. argl6yd yʒ argl6ydi.
yn raculaennv holl vʒenhined ydayar onerth agallu

F 2

ynholre oludoed o2y yffyd ydan ynef. Deudec
b2enhin ath2ugeint yfyd yn tretha6l ynni. Minheu
a‖rodeis ouunet vy mot yn grifta6n. Aphylebynnac
ybont ychenogyon c^{ri}ft. go2chygnerth yn rybuch-
eid26yd ni y6. yhamdiffynn. Ae kynnal on cardodeu
ni. Godunet heuyt y6 gennym ni gof6y bed yn
hargl6yd ni ygyt a llu ma62. megys yg6edha y
ogonnyant yn ma616zdayaeth ni dareft6g ac vfydhav
gelynnyon croc c^{ri}ft. Ady2chauel yen6 benndigeit
ef. Ynyteir yndia y2 argl6ydocaa yn ma616zdaaeth
ni. Ac ykerd‖da yntir ni o2 yndia eithaf yny2 honn
ymae co2ff thomas eboftol yn go2ff6ys. Ath26y
ydiffeith yd ymyftynn hyt ygo2lle6in y2 heul. Ac
y2 ymh6el ar 6y2 yvabilon diffeith gy2 lla6 t62
babilon. Deudec b2enhind2ef ath2ugeint a6affan-
aetha yn gaeth yni. Ac odit o2 rei hyny yfyd yn
griftonogyon. Aphob "ohonunt vn"[1] yfyd ae b2en-
hin tr6ydi ehunan. Arei hynny oll yffyd treth6y2
yni. Yn yntir ni ygenir anifeileit ael6ir eliffeit.
ad2omed2arii. achameleit. Ac ypotamy. Acho-
cod2illi. Ametagalinarij. Cametenirij. t6nfirete.
panthere. onagri. lle6ot g6ynyon. achochyon.
Eirth g6ynnyon. Am6yeilch g6ynyon. keilogev
redyn mudyon. G2iffones. Tygres. lamie. Iene.
boues. agreftes. fagitarij. dynyon g6y‖yllt.
dynyon achy2nn arnunt. Cho2iuti. Co2reit ‖ Sa-
tiri. Ag62aged. o2 vn ry6 genedyl ahonno. Pig-
mei. cenofali. ke62i adeugein kufyt yny huchet.
dynyon vnllygeida6c. aciclopes. Ar ederyn ael6ir

---

[1] Read *vn ohonunt*; see pp. 63, 79 above.

[166] ffenix. ahayach hollre genedyl anifeileit oɹ
yſyd ydan ynef.   Amylhed yſyd yn yntir ni olaeth
amel.   Yghyfeir arall yn yntir ni nyt argy6eda
neb ry6 wen6yn.   ny chɹogleiſſa llyffan.   ny ch6i-
bana seirff ymy6n llyſſeu nyaallant anyueileit g6en-
n6ynic pɹeſſ6yla6 yno.   na g6neuthur argy6ed yneb.
Ymplith yry6 genedyl ael6ir ypagannyeit dɹ6y neb
vn vɹenhindɹef yni. ykerda auon ael6ir idon.   ar
auon honno 6edy del oparad6ys agerdha yn aflev
dɹ6y yvɹenhinaeth honno oll o amryfyal gerdedeu.
ac yno ykeffir mein anyana6l.   allyma eu hen6eu
h6y. Smaragdi. Saphir. Carbunculi.   topazion.
Criſoliti.   Onichini.   berilli.   ametiſti.   Sardine.
alla6er ovein g6erthua6ɹ ereill.   Yno ygenir yllyſſe-
6yn ael6ir affidos.   p6ybynnac aar6edho g6ɹeid
yllyſſe6yn h6nn6 ganta6. ef affy yɹ yſpɹydoed dɹ6c
yvɹtha6.   ac agymell arna6 dy6edut p6y vo.   aph6y
yen6.   ac 6ɹth hynny ny leueis yɹ yſpɹydoed dɹ6c
yny lle h6nn6 llygru neb.   Ymbɹenhinyaeth arall
yni ytyf yɹ holre pybyɹ. ac ykynullir.   ac ykyfne-
6idir 6ynt yɹ g6enith.   a‖chɹ6ynn.   abɹethyn a
ymboɹth dynyon.   ar tired hynny tired coeda6c
ynt megys helygos de6.   ac yn lla6n oll oseirff.
aphann aeduet ypybyɹ ydoant ypobloed oll oɹ
bɹenhinaethev neſſaf.   ac ydygant gantunt vs
amyn6s ag6ɹyſc sych ar yɹ enynnant ycoet gylch
ogylch.   aphann vo dirua6ɹ 6ynt yn ch6ythu ydo-
dant tan ovy6n ac ovaes yɹ coet hyt na allo vn oɹ
seirff vynet ymaes.   ac velle ymy6n ytan 6edyɹ
ennyner yn gadarnn ybyd mar6 yseirff oll.   onyt

yrei agaffo ygogofeu. ag6edy ydarffo ytan oll.
ydeuant pa6b ag6ı ag6ıeic abychan ama6ı. aphyıch
yny d6yla6. ac ydoāt yı coet. ac ybyıryant
yseirff oll ymaes oı coet. ac yg6nant gruceu vchel
ohonunt hyt yı a6yı. ag6edy darffo vdunt yſgyt6a6
ymyn6s h6nn6 yſychir ygra6n agynnuller oblith
ybıi6yd hynny. ac yber6ir ypybyı. ba ffuryſ hagen
yber6ir. ny edir ydyn g6lat arall y6ybot. ar coet
h6nn6 yſyd offodedic ydan vynyd olimpy. ac odyno
ymae [167] ffynnya6n ardecha6c yn dyuot. aphob
ry6 vlas yſyd aryd6ſyı h6nn6. aſymut yvlas a6na
ympob a6ı oı dyd ar nos. ac odyno y kerda nyt
pellach noc ymdeith tʳidieu yvıth parad6ys yı honn
ygyır6yt adaf ‖ ohonei allann. P6ybynnac ayfo
od6ſyı yffȳna6n honno teir g6eith arygythl6ng.
nyda6 kleuyt ida6 allann oı dyd h6nn6. ac yn
dıagy6yd ybyd yn oedıan degml6yd arhugeint.
Yno heuyt ymae mein ael6ir ᴍidioſi. arei hynny
yn vyny|ych ad6c eryrot parth ac attam ni. athı6y
yrei hynny yd atuy6ockaant h6y. ac y caffant
ylleufer g6edy as collont. P6ybynnac aar6edho
ymaen h6nn6 aryla6. ny diffyccya lleufer vyth ida6.
ac oı mynn ymgelu. ef a6na nas g6elho neb. Fo
cas a6na yvıth ba6p. ac annoc kyfundeb. ag6ıthlad
kygho2uynt. llyna heuyt beth ryued yſyd yn g6lat
ni ygyt aphetheu ereill. ᴖ ᴍoı ty6a6t yſyd yno
ar gro yn kerdet heb d6ſyı. ac ef alein6 yn tonnev
megys moı arall. ac ny oıff6ys vyth. ny ellir
vynet arnna6 ar veis. nac o vn 6ed arall. na phyry6
tir yſyd oı paıth dıa6 ida6. ny ellir ovn ffoıd y6ybot.

ef ageffir hagen yparth attam ni amryuael genydyl
obyfca6t kyfelyffet. achyftal ac na 6elas dyn
eiroet eu kyftal. Ymae heuyt arymdeith t^r di6arn-
na6t o2 mo2 h6nn6. ry6 vynyded yda6 auon ohonunt
ovein. a hynny yn redec megys d6fy2. ath26y
yn tir ni yret hyt ymo2 ty6a6t. ac g6edy el y2
auon yny mo2 ydifulanna || ymein hyt na 6elher
vyth ohynny allan. T2i di6arnna6t yny2 6ythnos
ykerdant ac yllith2ant ymein rei ma62 arei bychein
ac ydygant gantūt rei 6yd hyt ymo2 ty6a6t.
ath2auo yn kerdet nyeill neb vynet d2ofti. yped6ar
di6arnna6t ereill ykeffir ffo2d. llyma ryueda6t arall
yfyd yno gy2 lla6 ydiffeith yn emyl ymynyned ny
p2eff6yla neb yno. ymae auon ydan ydayar. ac
nycheiff neb ffo2d idi onyt dam6ein. ef aegy2
ydayar 6eitheu aph6ybynnac yna auo yn kerdet
heiba6. ef ageif ffo2d y2 auon. ac ar ffr6ft ymae
reit ida6 kerdet. rac attoeth cayv ydaear arnna6.
aphabethbynnac o2 ty6a6t adycco ganta6. mein
g6er[168]thua62 vydant. agēmev. ar auon honno
agerdha hyt ymy6n auon arall yfyd voe no hi.
ac yn hōno nyt oes dim o2 gro nar ty6a6t namyn
mein g6erthua62. ar auon honno yd a dynyon
y6lat honno idi ac ytynnant ac ygantunt ydygant
odyno amyled ovein g6erthua62. agēmev. ac
nylyuaffant 6y 6erthu yrei hynny hyt pann ymyn-
accont yn gyntaf yn arderchogr6yd ni. ac o2
mynn6n ni eu h6y ymplith ynheurgra6n ni. ni ae
kymer6n ac arod6n vdunt hanner eug6erth. Os
mynn6n ynhev. ryd y6 vdunt 6y yg6erthu yny lle

ymynnont. Ef avegir meibon || yny ꝺlat honno
vɪth geiffaꝺ ymein megys ygallon vot ẏnvyꝺ dan
ydꝺfyɪ tri mis neu pedꝺar. Ypaɪth dɪaꝺ yɪ auon
veinaꝺc honno. ymae dec llꝺyth oɪ ideꝺon. kyt
tebyccont ꝺy eu bot yn vɪenhined. eiffoes keith
yni ynt ꝺy. athɪethꝺyɪ yn arderchogrꝺyd ni.
Ymyꝺn bɪenhinaeth arall yni. gyɪ llaꝺ ylle ybyd
yɪynys ymae pɪyfet aelꝺir ynyn ieith ni salamandɪe.
ar pɪyfet hynny ny allan vot yn vyꝺ namyn ymyꝺn
tan. achɪꝺyn auyd yn ev kylch megys crꝺyn
ypɪyfet aꝺna yſydan. anyd|du yrei hynny yꝺ gꝺeith
arglꝺydeffeu yn llys ni. ac ohꝺnnꝺ ygꝺneir pob
ryꝺ aruer yn yn arderchogrꝺyd ni. ar dillat hynny
ny ellir eu golchi namyn ymyꝺn tan maꝺɪ kadaɪnn.
Yneur ac aryant amein gꝺerthuaꝺɪ. adɪomedar-
yeit. achameleit ymae amylder yn eglurder ni.
ny byd ychennaꝺc neb yn yn plith ni. Dyn got
nycheffir yno. paꝺb odynyon gꝺlat arall. nyt
amgen. gꝺefteion. aphererinyon aeruyll yn ynaꝺ-
fter ni. lleidyɪ. nathɪeiffꝺɪ. nac aghaꝺɪ ny cheffir
yn yn plith ni. nyt oes neb ryꝺ gynghoɪuynt yn yn
plith ni. amylhed opob ryꝺ oludoed yſyd yn
dynyon ni. nyt amyl meirch yn plith ni. ameirch
dielꝺ vydant. nythebygꝺn ni neb arydayar kẏffelyb
am o oludoed. Ban elom ni aryfel yn llu||yd yn
erbyn yn gelynnyon teir croc ardec maꝺɪ arder-
chaꝺc gꝺedy gꝺnneuthur o eur ac aryant amein
gꝺerthuaꝺɪ yndunt. vn ympob [169] kerbyt yn lle
arꝺydon rac yn bɪonn ni abarꝺn eu harꝺein. ac yn
ol pob vn ohonunt. deudec mil owyɪ aruaꝺc. achann

mil obedyt o6y2 ymlad. heb auo v2th ypynn vil.
ac ygkylch d6yn b6yt adia6t. Pann gerdom
nyheu hagen ar ynhed|d6ch rac b2onn yn ma62-
62daeath ni. y raculaenha croc b2enn heb yfg6thyr
ynybyt arnei nac oeur nac oaryant. hyt pann "cof
del" [1] yni yn p2ef6yl. diodeifeint yn argl6yd ni ieffu
grift. alles|ty2 yn lla6n ob2id hyt pann adnapom
ni mynet ynkna6t ni ynyb2ia6t voned. Sef y6
hynny yn b2id. allefter arall yn lla6n oeur adygir
rac yn b2onn. hyt pann dyallo pa6b yn bot ni yn
argl6yd y2 argl6ydi. Obop ry6 oludoed o2 yfyd
yny byt yd amylha ac yraculaenna yn ma626daeath
ni. Nydy6eit neb gel6yd yn yn plith ni. ac ny eill
neb ydy6edut. aph6ybynnac ady6etto kel6yd
dany6ybot ida6. ar hyt ybyd mar6. Sef y6 hynny.
nydodir meffur arna6 moe noc ar dyn mar6. ac
nydelhir adlo ymdana6. Pa6b ohonam ni aerlynn
y6ironed. acharu a6na pa6b ohonam ni ygilyd.
6ers tragy6ers. Ny 6ledycha neb ry6 becha6t ‖
yno. Pob bl6ydynn yd a6n ni ypererinda6t yrlle
ymae co2ff daniel p^{ro}ph6yt. alluoed ma62 ygyt ani.
ybabilon diffeith ahynny yn arua6c oacha6s ani-
ueileit ael6ir tygrydot. ary6 seirff ereill ael6ir
deuites. Yn yn g6lat ni ydellir ry6 byfca6t ac
o6aet yrei hynny ylli6ir ypo2ffo2 g6erthuffaf. lla6er
oleoed yfyd yni. kenedyloeth de62haf yny byt.
ahagy2. ni aargl6ydocca6n ykenedloed ael6ir ama-
zoneit. ab2agmanyeit. Yllys yp2eff6yla yn ardech-
ogr6d ni yndi. a6naethp6yt ar anfa6d achyffelyb-

[1] Read *del cof*; see pp. 63, 79, 84 above.

ı6yd yllys avıddaffa6d thomas eboftol ywyn-
doffoıus bıenhin yr yndia. ae yfpoydeu. ae ha-
deiledigaetheu yn holla6l kyffelyb y6 idi. ⸗ Pyft
yneuad ae hyftyffyleu. ae phethyneu ahen|nynt
ory6 bıenn ael6ir cethim. toat yneuad aheny6 ory6
lyffeu ael6ir hebenus. Sef acha6s y6 hynny hyt na
aller oneb mod ynybyt yllofci. ar kyıreu eithaf
ar penn yneuad honno ymae deu aual o eur. ac
ympob vn ohonunt ymae [170] maen g6erthua6ı
ael6ir caıbunck. hyt bann oleuhao yı eur ydyd.
ar mein ynos. yrannev m6yhaf oı neuad ahenynt
oı mein ael6iı sardonici yn gymyfgedic aceraftes.
Sef achos y6 yhynny hyt na allo neb yn lledıat
dyvot ag6en6yn ganta6 ymy6n. petheu ereill
oıneuad ahe||ny6 oı llyffeu ael6ir hebenus. yffeneft[ri]
aoedynt ovein criftal. ybyıdeu yuuytta arnunt yn
yn llys ni. rei ohonunt eur ynt. ac ereill ovein
g6erthua6ı ameftic. Yryftyphyleu agynneil ybyıdeu
o afc6ınn moıuil ynt. Rac bıonn yn llys ni ymae
heol ynyı honn ygnottaa yn g6ironed ni edıych ar
ymlad6yr yn oıneft. Penn yneuad ae phar6ydyd
aheny6 oonichino. Sef achos y6hynny hyt pann
kych6ynno hynny yn ymlad|d6yı onerth ymein.
Yn yn neuad honno nyt ennynnyr goleuat ynos
namyn avacco yı ireit g6erthua6ı ael6ir balfam6m.
Yı yftauell ygoıff6ys yn goıuchelder ni yndi. agy-
6eir6yt o6eith enryfed ahynny o eur. aphob ry6
vein g6erthua6ı oıbyt. ytin[us]. achos ragoı maen
onichin[us] yn lle goleuat. ygkylch h6nn6 yg6neir
g6eith pedıyfual kymeint ac ehunan hyt pann vo

onerth yrei hynny yd ardymherer en6ired ymaen
onix. Ireit g6erthua6ı alyfc yn6aftat ynyı yftauell
honno. Yn g6ely ni aheny6 osaffyı o acha6s nerth
di6eirdeb. G6ıaged teckaf yny byt yfyd yni. ac
ny doant attam namyn pedeir g6eith ynyvl6ydynn
oachos etiueddu. ac g6edy hynny yd ymhoel pob
vn yny lle yn gynn‖yachet aberfabe yvıth dauid.
Vn 6eith yny dyd yb6ytteir yn yn llys ni. ac ef
av6ytta beunyd ar ynboıt ni dec mil arhugeint
odynyon heb ael ac adel owefteion. arei hynny
oll agymerant ycoft oc ynllys ni. ac ar ueirch ac
ar petheu ereill. Yvoıt honn aheny6 oı g6erthua6ı
vaen ael6ir yfmaradus. ahonno ymae deu yftyphy6l
yny chynnal oametift. nerth ymaen h6nn6 y6 ny at
neb yved6l trauo yneifted arnna6. Rac bıonn
amhinogeu yn neuad ni gyı lla6 ylle ybyd yı orr-
neft6yı ymae difc6ylua dirua6ı yhuchet. ac ydıingir
idi dı6y pumb grad [171] arhugein achant. ar
gradeu hynny. rei ohonunt aheny6 ovein poıffiret.
g6edy kyfmycu o6aet seirff ac ireit alaba6ftrum.
ytrayan iffaf yrei hynny aheny6 ovein criftal. aiafpis.
afardini. arann arall vchaf aheny6 oametift ac
anbıa aiafpis asardonic aphanthera. Ydifc6ylua
honn agynnhelir ovn poft. ac ar h6nn6 ybyd bas.
Sef y6 hynny ry6 6eith maen ael6ir velle. ac
arybas h6nn6 d6y colofyn sef y6 yrei hynny bıeicheu.
ac ar yrei hynny bas. ac ar honno pedeir colofyn.
ac elch6yl bas. ac ar honno vn vıeich arbymthec.
ac velle ykerddir aryg6eith yny delher yriuedi
pedeir colofyn athıugeint. ac odyna ylleiheir rif

ybaffeu. ‖ ar colofneu hyt pann delher ar un.
ahynny gan yfgynnv yvynyd megys yd ymlaa6yd
gynt ynys|gynnv hyt ar ypedeir ar trugein. ycol-
ofneu hagen ar baffeu ovn ry6 genedyl vein
g6erthua6ı ynt. ar graddev yı yfgynnir dı6ydunt
yngoıuchelder. ygolofyn uchaf ymae difc6ylua yn
offodedic ory6 geluydyt radla6n hyt na eill neb ynyı
hollre tir yfyd daryftyngedic yn ni. g6neuthur dim
yn holla6l na th6yll na bıat. nachyfar6ydon yn yn
erbyn ni. neu yrei einym ni. na 6elher oı difg6ylua
honno yn aml6c ac euhadnabot p6y vont napheth
a6nelhont. ef avyd yn 6aftat yn cad6 ydifc6ylua
honno teir mil o6yı arua6c dyd anos rac odam6ein
gallu ythoıri nev yb6ı6 yı lla6ı. Pob mis yny
vl6ydyn ef auyd seith bıenhin yng6affanaethu yni
pob vn ohonunt yny vıdas. ac oty6yffogyon deu
adeugeint. Oieirll vn arbymthec adeugeint. athıy-
chant. yryfedi h6nn6 auyd yn 6aftat ar yn boıt
ni heb yrei auo goffodedic ynn ymrauaelon 6affan-
naethu yn yn llys ni. ar yn boıt ni yb6yttaant
beunyd ar yndeheu deudec archefcyb ac ar ylla6
affeu vgein efcyb. aphedıiaıch oı lle ymae bed
thomas eboftol. ar g6ı yfyd yn lle pab. ‖

Oxford : Horace Hart, Printer to the University

CPSIA information can be obtained at www.ICGtesting.com
Printed in the USA
BVOW05s1757040514

352539BV00010B/77/P